写给孩子的国学启蒙经典故事

智临 编著

弟子规

中国书籍出版社
China Book Press

图书在版编目（CIP）数据

弟子规 / 智临编著 . — 北京：中国书籍出版社，2022.10

（写给孩子的国学启蒙经典故事）

ISBN 978-7-5068-9209-4

Ⅰ . ①弟… Ⅱ . ①智… Ⅲ . ①古汉语－启蒙读物 Ⅳ . ① H194.1

中国版本图书馆 CIP 数据核字（2022）第 183398 号

弟子规

智临　编著

| 责任编辑：王志刚 |
| 责任印制：孙马飞　马　芝 |
| 责任校对：朱林栋 |
| 封面设计：书心瞬意 |
| 出版发行：中国书籍出版社 |
| 地　　址：北京市丰台区三路居路 97 号（邮编：100073） |
| 电　　话：（010）52257143（总编室）　　（010）52257153（发行部） |
| 电子邮箱：chinabp@vip.sina.con |
| 经　　销：全国新华书店 |
| 印　　刷：唐山楠萍印务有限公司 |
| 开　　本：880 毫米 ×1230 毫米　　　1/32 |
| 字　　数：450 千字 |
| 印　　张：30 |
| 版　　次：2022 年 10 月第 1 版　2022 年 12 月第 1 次印刷 |
| 书　　号：ISBN 978-7-5068-9209-4 |
| 定　　价：228.00 元（全 6 册） |

版权所有　翻印必究

目录
CONTENTS

总序

弟子规，圣人训； ………………………… 1
　　商鞅立木为信 ………………………… 2

入则孝

父母呼，应勿缓； ………………………… 5
　　孔鲤过庭 ………………………… 6

冬则温，夏则凊； ………………………… 8
　　黄香温席 ………………………… 9

亲爱我，孝何难； ················· 13
　　闵子骞芦衣顺母 ················· 14

出则弟

兄道友，弟道恭， ················· 18
　　廉颇负荆请罪 ··················· 19

或饮食，或坐走， ················· 23
　　曾子大孝尊亲 ··················· 24

称尊长，勿呼名； ················· 27
　　张良与黄石公 ··················· 28

尊长前，声要低； ················· 31
　　王充跪拜求学 ··················· 32

谨

朝起早，夜眠迟； ················· 36
　　祖逖闻鸡起舞 ··················· 37

衣贵洁，不贵华； …… 41
　　苏轼房梁挂钱 …… 42

步从容，立端正， …… 45
　　孔子尊师 …… 46

事勿忙，忙多错； …… 50
　　勾践卧薪尝胆 …… 51

将入门，问孰存； …… 55
　　程门立雪 …… 56
　　聪明的孔融 …… 59

用人物，须明求； …… 63
　　宋濂借书求学 …… 64

信

凡出言，信为先， …… 67
　　范式守信赴约 …… 68

见未真，勿轻言； …… 72
　　季札还剑 …… 73

唯德学，唯才艺， …………………………… 77
　　魏文侯登门求教 …………………………… 78

闻过怒，闻誉乐， …………………………… 81
　　管鲍之交 …………………………………… 82

无心非，名为错； …………………………… 87
　　曹操割发代首 ……………………………… 88
　　魏征直谏 …………………………………… 91

泛爱众

凡是人，皆须爱， …………………………… 96
　　三世辅臣富弼 ……………………………… 97

扬人恶，即是恶， …………………………… 101
　　董母训儿 …………………………………… 102

凡取与，贵分晓， …………………………… 106
　　胡雪岩将心比心 …………………………… 107

待婢仆，身贵端； …………………………… 112
　　吴起礼贤下士 ……………………………… 113

亲仁

同是人，类不齐； **116**
　　陈寔与梁上君子 117

能亲仁，无限好， **121**
　　刘备三顾茅庐 122

余力学文

不力行，但学文， **126**
　　按图索骥 127

读书法，有三到， **131**
　　黄庭坚一夜三点灯 132

宽为限，紧用功， **135**
　　纪昌学箭 136
　　孔子不耻下问 138

房室清，墙壁净， **141**
　　陈蕃愿扫除天下 142

非圣书，屏勿视， ················· **145**
苏武牧羊 ························· 146

总序

弟子规，圣人训；
首孝悌，次谨信。
泛爱众，而亲仁；
有余力，则学文。

译文

《弟子规》这本书的内容核心，来自孔子对学生的教导。它教导我们，首先要孝敬父母，尊敬兄长，其次要谨慎做事，诚信为人。要对别人有爱心，主动去亲近品德高尚的人。如果还有多余的精力，就用来读书、学习。

商鞅立木为信

春秋战国时期,秦孝公为改变秦国落后的面貌,励精图治,招贤纳士,向天下广泛征招能使秦国强大的人才。商鞅毅然离开了当时还很强大的魏国,去了当时还比较弱小的秦国,并以"强国之术"得到了秦孝公信任。商鞅在秦孝公的支持下实施变法。商鞅深知变法的目的是强国,但使国家强盛仅仅依靠中央的力量是不够的,必须用民力、靠民众。可是,旧法在当时人们心中已经根深蒂固，新法难以顺利施行。加之当时战争连绵不断，百姓整天生活在恐慌之中，变法运动也得不到百姓的支持，更不用说在秦国全面的实施。商鞅认为要建立百姓对新法信任，必须先树立新法的可信度，让新法在老百姓的心中形成一种权威。

为了树立威信，推进制度的改革，商鞅命令部下在都城南门外立了一根三丈长的木头，并当众许下承诺说："谁要是能把这根木头从南门搬到北门，我就赏给他十两黄金。"围观的人不相信如此轻而易举的事能得到这么高的赏赐，结果并没有人出来试一试。

于是，商鞅只好将赏金提高到五十两。这么高的赏赐一定会打动那些人。过了一会儿，终于有人站出来将木头搬到了北门。商鞅立即兑现自己的诺言，赏给了那个人五十两黄金。

商鞅说到做到，这一举动，让人们感受到国家有令必行，有法必依的诚心，这样一来，新法就在百姓心中树立起了威信，接下来的变法也很快在秦国推广开了。秦国渐渐强盛，最终统一了六国。

知识百宝箱

读书百遍，其义自见

读书上百遍，书意就自然出现，不待讲解，就会明白它的道理了。

入则孝

父母呼，应勿缓；
父母命，行勿懒；
父母教，须敬听；
父母责，须顺承。

译文

听到父母的呼唤，我们要及时应答；父母吩咐我们做事情，我们就要立即行动起来，不能拖拉或偷懒；父母教导我们时，我们要恭敬地聆听、学习；做错事受到父母责备时，我们要虚心地接受。

故事链接

孔鲤过庭

孔鲤是孔子的儿子。一天,孔鲤要从庭堂穿过去,看到孔子正坐在厅堂中,就加快了脚步。这时,孔子看见了孔鲤,就把他叫过去,问:"鲤儿,你学《诗经》了没有?"

"还没有。"孔鲤回答。

孔子说:"那你应该多读《诗经》,不学好它,就不知道怎么和别人交谈。"

过了几天,孔鲤又在庭院中碰见了父亲。孔子问:"鲤儿,你学《礼记》了没有?"

孔鲤回答说没有。孔子说："不学好礼,是很难立身做人的。"于是,孔鲤又开始认真地学习起《礼记》来。

孔鲤和父亲两次碰面的情形,都被孔子的弟子陈亢看到,因而怀疑孔子对儿子有特别的传授,便问孔鲤说："你在你父亲那儿,得到过什么别人不知道的教导吗?"

"没有。我两次遇到父亲,他一次要我读《诗经》,一次要我学《礼记》。"孔鲤说。陈亢一听,原来自己误解老师了,老师没有藏私。陈亢对孔鲤说通过与他的交流知道了三件事,一是要学好《诗经》,二是要学好《礼记》,三是知道了老师是光明磊落之人,对自己的儿子与学生一视同仁。

> 冬则温,夏则凊;
> 晨则省,昏则定。
> 出必告,反必面;
> 居有常,业无变。

译文

冬天,要留意父母穿得是否暖和。夏天,要注意父母是否感到凉爽。早晨起床之后,应该先探望父母。晚上睡觉前要跟父母道晚安。外出离家,必须告诉父母要到哪里去,回家后一定要当面禀报父母,让父母安心。平时起居作息,要保持正常并有

规律，立下的志向、选定的事业不要轻易改变，以免父母担心。

故事链接

黄香温席

黄香是我国东汉时期的一位文化名人。在他还很小的时候，就广泛阅读儒家经典，精心钻研道德学术，能写文章，下笔如有神，当时京师给了他一个很响亮的美誉——"天下无双，江夏黄童"。

黄香的童年非常坎坷，在他九岁那年，母亲就因病去世了，剩下父子二人相

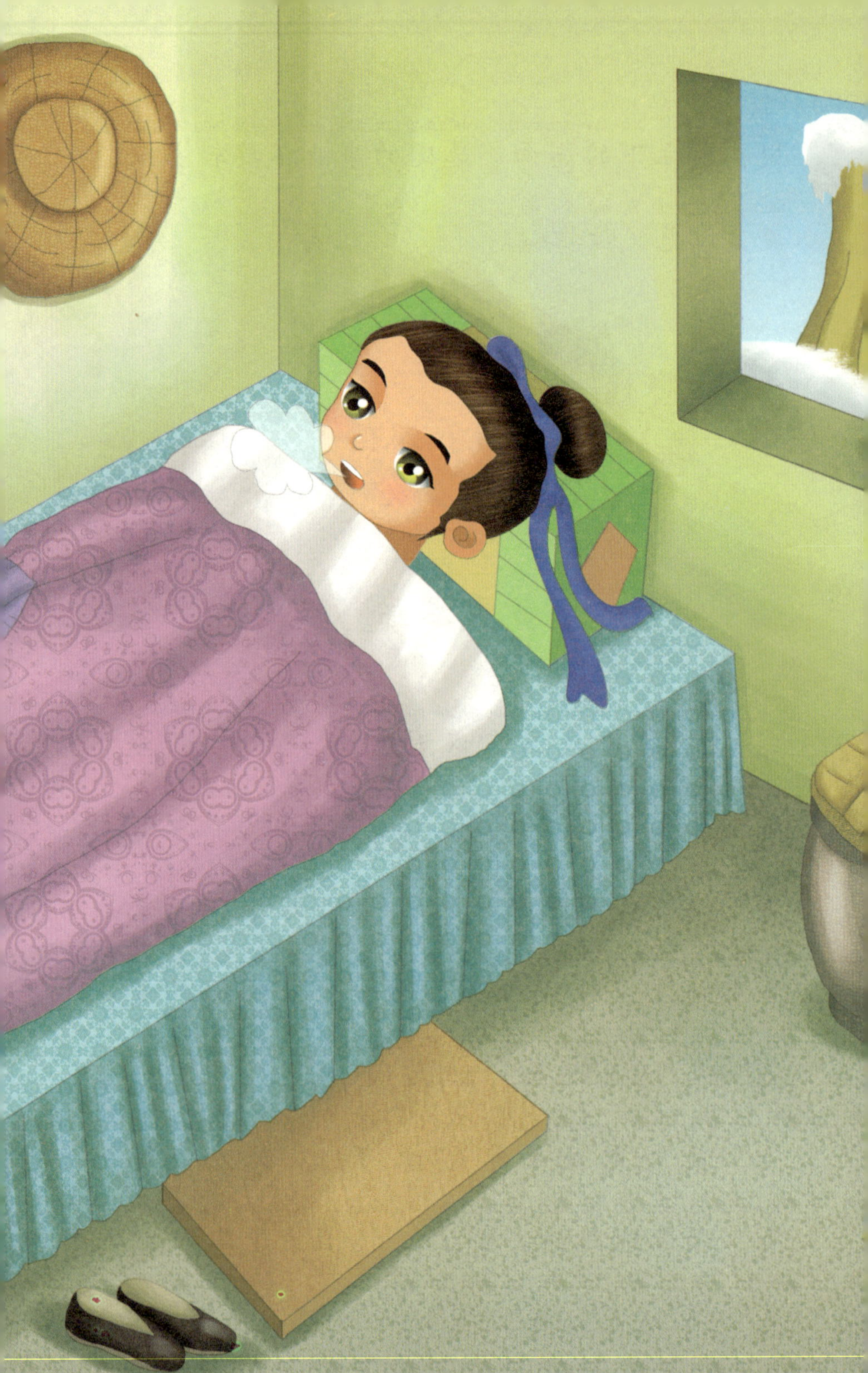

依为命。父亲的身体虚弱,需要有人经常在一旁照顾,再加上他家里又很贫困,无法请人来帮忙照顾父亲,小小的黄香便担负起了照顾父亲的重任。他对父亲格外孝敬,照顾十分周到。

夏天的时候,天气变得非常炎热。黄香怕父亲因为太热睡不着,就用扇子扇凉父亲所睡的枕席,赶走炎热,让劳累一天的父亲早点入睡。有的时候,他还站在一旁为父亲扇风,使父亲能够舒舒服服、安安稳稳地睡一个好觉。

冬天,天气很冷,黄香总是抢在前面钻进父亲的被窝,用自己的身体温暖床榻,有的时候他自己冻得直打哆嗦,但还是继续坚持,使父亲睡觉时不觉得寒冷。

在父亲生病的时候,黄香会一直在旁边照顾,十分细心。当时江夏的知府听到有这样的孩子,非常称赞黄香的孝顺,就替他表奏上去,请朝廷表扬他的孝行,号召天下的孩子都要向黄香学习。后来黄香举了孝廉,官做到尚书令。黄香做官以后同样仁爱百姓。

> 亲爱我，孝何难；
> 亲憎我，孝方贤。
> 亲有过，谏使更；
> 怡吾色，柔吾声。

译文

当父母喜爱我们的时候，我们孝敬父母又有什么困难呢？当父母不喜欢我们，或者管教过于严厉的时候，我们还是孝敬他们，这才是难能可贵的。父母有过错的时候，我们应小心地劝说，让他们改正。劝说的时候要和颜悦色、轻声细语。

故事链接

闵子骞芦衣顺母

闵子骞,春秋时期鲁国人。他崇尚节俭,当时鲁国要扩建新库房,在征求他的意见时,他很直接地说:"原来的库房已经很好,并且够用了,就不用再劳民伤财建新的了。"闵子骞了解民生,一心为百姓着想,同时也是个极其孝顺的人。

闵子骞幼年丧母,闵父再娶,又生了两个儿子。继母对闵子骞并不疼爱。冬天,继母用芦花给闵子骞做"棉袄",用棉花给他的两个弟弟做棉袄。闵子骞父亲回到家中，看到三个孩子都穿上了新棉袄，心里非常高兴，便带着兄弟三人去集市看热闹，叫闵子骞为他们驾车。

雪花飘落，寒气逼人，闵子骞冷得发抖，手脚发僵，后来马的缰绳也抓不住了。父亲觉得奇怪，同样都穿着新棉袄，闵子骞怎么会冻成这样，而两个弟弟却不冷呢？无意间，他看到闵子骞身上的棉袄，从钩破的小洞里露出的是芦花。他再看看两个弟弟的棉袄，里面全是棉花。父亲非常愤怒，调转马车往家驶去。

回到家，闵父对继母大声说道："我娶你，是为了我的儿子，现在你欺骗我，让

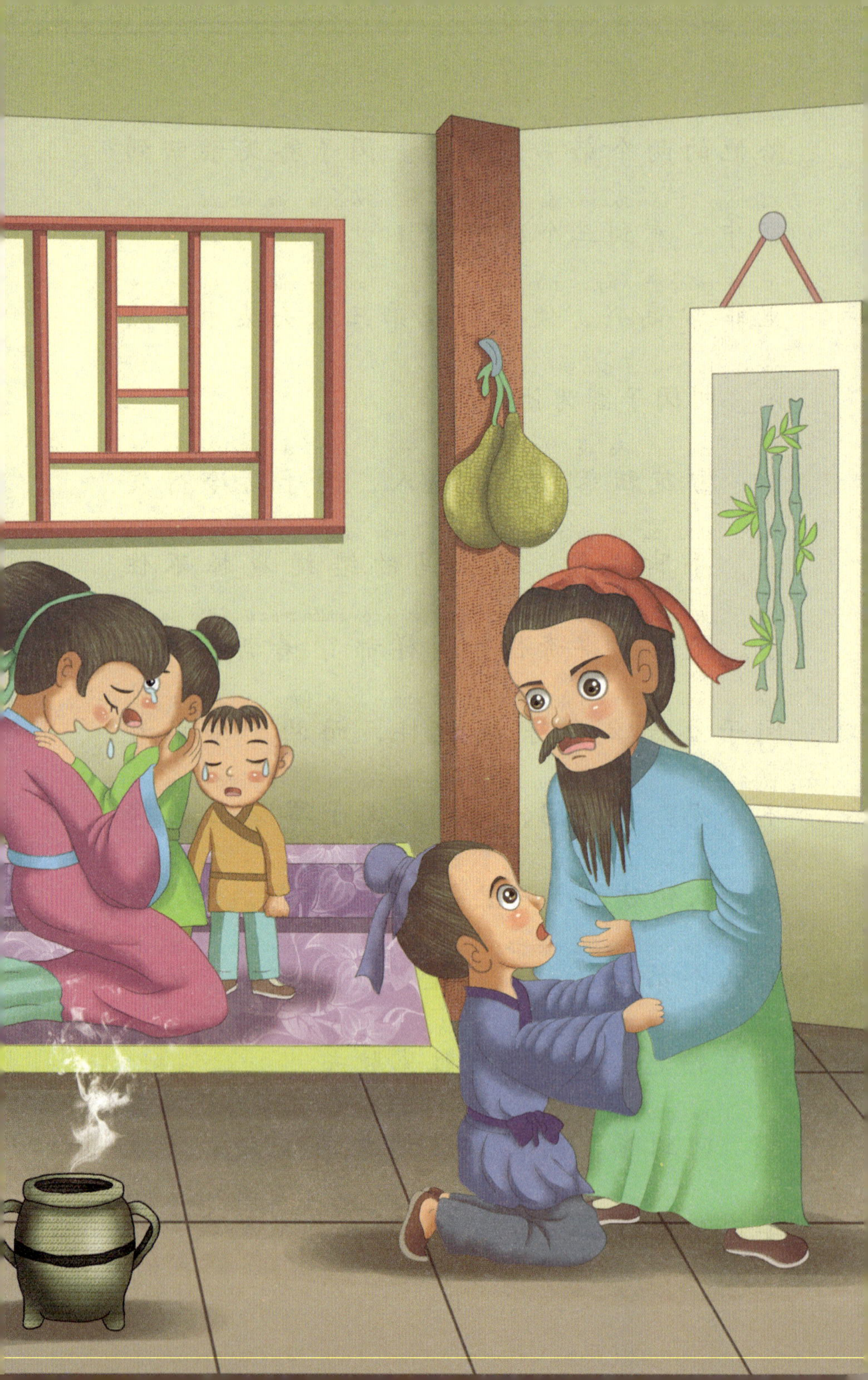

我的儿子受冻,你走吧,不要再留在我家。"继母和两个小弟弟吓坏了,一个劲儿地呜呜哭着。

闵子骞听见父亲要赶走继母,就对父亲说:"请不要赶走继母,继母在,最多是我一个人受点儿冷;如果她不在了,那我们兄弟三人都要受冷了。"他的这番话,让父亲和继母都感动了。父亲让继母留了下来,继母从此像对自己两个亲生儿子一样对待闵子骞。

出则弟

> xiōng dào yǒu　dì dào gōng
> 兄道友，弟道恭，
> xiōng dì mù　xiào zài zhōng
> 兄弟睦，孝在中。
> cái wù qīng　yuàn hé shēng
> 财物轻，怨何生；
> yán yǔ rěn　fèn zì mǐn
> 言语忍，忿自泯。

译文

当哥哥姐姐的要友爱弟弟妹妹，做弟弟妹妹的要懂得恭敬哥哥姐姐。兄弟姐妹能和睦相处，一家人和乐融融，父母自然欢喜，孝道就在其中了。不对钱财斤斤计较，兄弟姐妹之间就不会产生怨恨；言语上互相忍让，愤恨自然就会消除。

故事链接

廉颇负荆请罪

战国时期,赵国大将廉颇跟大臣蔺相如不和。渑池会结束以后,由于蔺相如劳苦功高,为赵国作出了卓越的贡献,被封为上卿,位在廉颇之上。

廉颇说:"我是赵国将军,有攻城略地的大功,而蔺相如只不过靠能说会道立了点儿功,可是他的地位却在我之上,我难以忍受。"廉颇还扬言说:"如果我遇见蔺相如,一定要羞辱他。"蔺相如听到后,不肯和他相会。每到上朝时，常常推说有病，避免和廉颇去争位次的先后。有一次，蔺相如外出，远远看到廉颇。廉颇命车夫把车驾到路中，丝毫不给蔺相如空隙，蔺相如却掉转车子回避。

蔺相如的门客们知道后，就一起对他说："我们之所以离开亲人来侍奉您，就是仰慕您高尚的节义呀。如今您与廉颇官位相同，廉老先生口出恶言，而您怕他，也怕得太过分了，平庸的人尚且感到羞耻，何况是身为将相的人呢！我们实在看不下去了，请让我们告辞吧！"蔺相如挽留他们说："诸位认为廉将军和秦王相比谁厉害？"门客们都回答说："廉将军比不

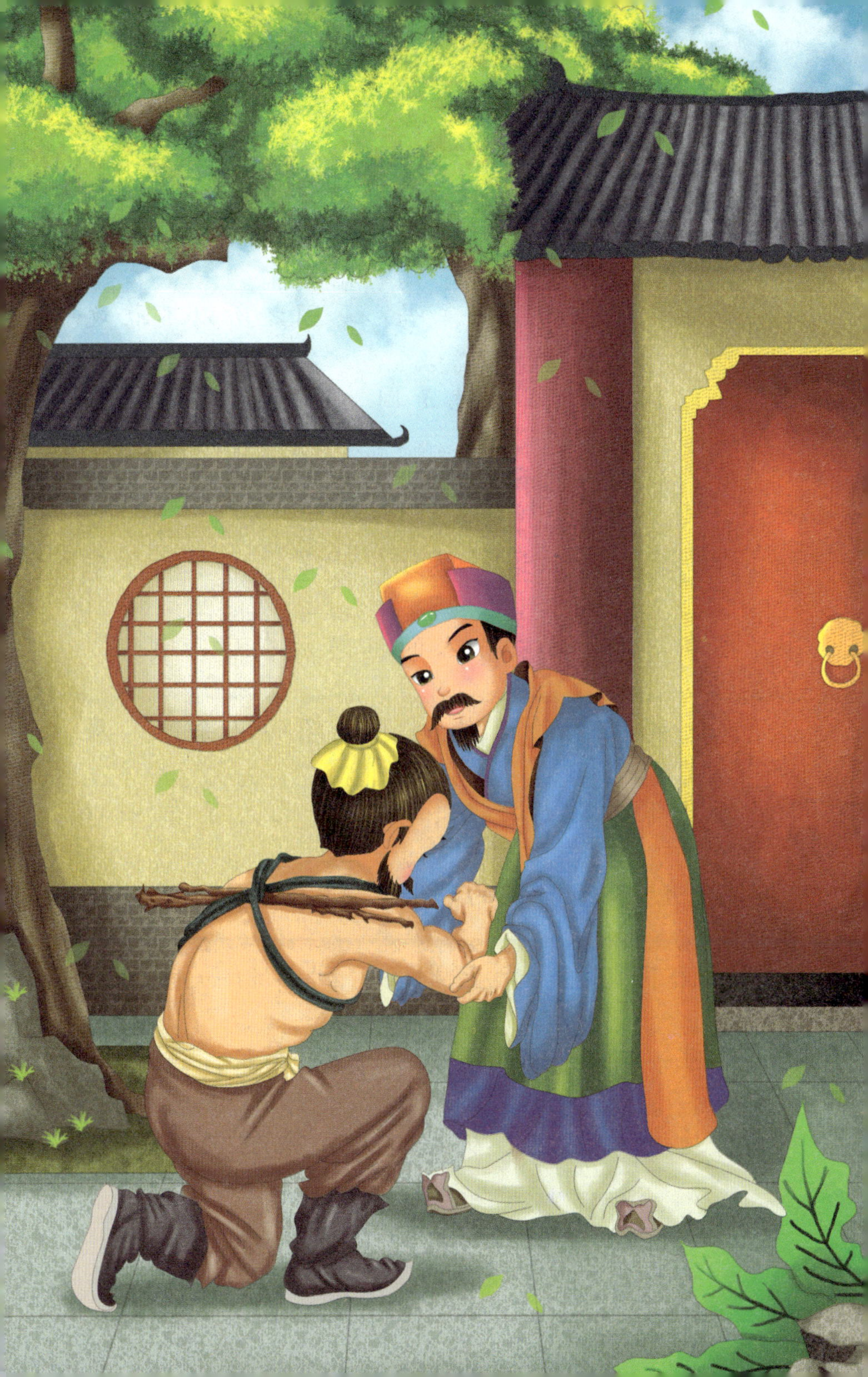

了秦王。"蔺相如说:"以秦王的威势,我都敢在朝廷上呵斥他,羞辱他的群臣,难道我还会怕廉将军吗?秦国之所以不敢攻打赵国邯郸城,就是因为有我和廉将军在呀,如今秦国和赵国两虎相斗,势必不能共存。我之所以这样忍让,就是把国家的急难摆在前面,而把个人的私怨放在后面啊!"

蔺相如的话传到了廉颇的耳朵里。廉颇静下心来想了想,觉得自己为了争一口气,就不顾国家的利益,真不应该。于是,他脱下战袍,背上荆条,到蔺相如府上去请罪。蔺相如见廉颇来负荆请罪,连忙热情地出来迎接。从此以后,他们俩成了好朋友,同心协力保卫赵国。

或饮食,或坐走,
长者先,幼者后。
长呼人,即代叫,
人不在,己即到。

译文

日常生活中,要坚持礼让的美德,不管是吃喝什么东西,都要请长辈先用;如果和长辈坐在一起,要请长辈先入坐;如果和长辈走在一起,应让长辈先走,自己走在后面。长辈呼叫人时,自己听见了,要替长辈去传唤。如果所叫的人不在,自己应该赶快回来报告长辈,进一步请问长辈,有没有

需要帮忙的事情。

故事链接

曾子大孝尊亲

曾子性情沉着镇定，谈吐举止十分文雅，做事有一颗谨慎之心，非常注重自己的孝行，齐国曾经想要聘他为卿，但由于家中有老母亲需要照顾，他便推辞了。

曾子喜欢吃鱼，有一天，他的妻子从街市上买回了两条鲜鱼。因为曾子最爱吃生鱼片，所以他的妻子就特意做了一大碗生鱼片，调制出曾子最喜欢的口味，等着曾子课后回家吃。

曾子在外面玩耍的两个儿子闻到生鱼片的香味,急忙跑进屋,趴到桌旁,馋得直流口水,嚷嚷着要吃。

曾子的妻子劝他们说:"你们先别急着吃,过一会儿,你们的父亲就回来了,到时咱们再一起吃。"

不久,曾子从书院授完课回到家中。两个儿子赶紧去迎接,跟他说,今天可以吃到生鱼片。

曾子听说今天吃生鱼片,也非常高兴,就在桌子的中间坐下了,两个儿子也紧挨着他分坐在两边。曾子的妻子赶紧把早已准备好的生鱼片端了上来。可是,曾子刚把一块生鱼片放进嘴里,他的脸色忽然变了,接着就把鱼片吐了出来。

曾子的妻子非常地吃惊,便问道:"怎么了,难道是生鱼片不好吃吗?"

曾子悲伤地说:"不是,我只是想起我的父母亲也很喜欢吃生鱼片。可是他们却很少吃到,从来就没有品尝过像这么好吃的生鱼片,今天的生鱼片虽然好吃,可他们却无法吃到,而我却独自品尝,真是不孝。"

曾子上承孔子之道,下启思孟学派,对孔子的儒学学派有承上启下的作用,既有继承的部分,又有新的发展。他省身慎独的修养观,以孝为本、孝道为先的道德观影响了中国两千多年。

称尊长，勿呼名；
对尊长，勿见能。
路遇长，疾趋揖；
长无言，退恭立。

译文

称呼长辈，不可以直呼姓名；在长辈面前，要谦虚有礼，不可以卖弄自己的才能。路上遇见长辈，要赶紧上前行礼问候；长辈没有吩咐时，要恭敬地站在一旁，等待长辈离去。

张良与黄石公

张良是汉初伟大的谋略家、政治家。张良善于用兵,辅佐刘邦建立了大汉王朝。同时,他还是一个十分尊敬长辈的人。

相传张良逃亡到下邳后,有一天在桥上闲走,遇见了一位穿着破烂的老翁。老翁见张良走过来,故意把自己的鞋子脱掉,扔到桥下,然后对张良说:"孩子,你到桥下去把我的鞋子捡回来吧!"张良本是贵族世家,是大户人家的孩子,从来都是别人侍奉他。听到这样的话,他十分惊讶,也感到非常生气,但他见这个老翁年事已高,于是就强忍怒火,下桥为老翁取鞋,然后很恭敬地递给了老翁。老人把脚伸出叫张良穿上,张良依旧照办了。

穿好鞋后,老翁大笑着走了,这让张良更加疑惑。可是,老翁走了一会儿又回来了,对张良说:"孺子可教!五日后的早晨你在这里等我吧。"张良行礼答应了。

五日后一大早,张良就来到桥上,那个老翁早已经在桥上等候了。见张良来得比自己晚,老翁很生气,对张良说:"你和一个年长的人约定,为什么迟到了,回去吧,再过五天你早点儿过来。"

五天后,张良在鸡鸣之前就出发,可老翁还是早于他到了桥上。老翁斥责张良说:"你还是迟到了,五天后再来吧。"

这一次,张良在半夜就到了,过了一会儿,老翁也到了。老翁高兴地说:"就应该像这样才行,有约定就不能迟到。"说完拿出一部书,对张良说道:"这本书送给你,你要是能领悟其中的精华要旨,将来便可以当王者之师。等到那个时候你再过来找我,我是济北谷城山下的黄石。"

天亮后,张良拿出这本书发现原来是《太公兵法》。张良从此时常诵读这本书,对书中内容领悟甚高,后来他辅佐刘邦成就了帝业。

尊长前，声要低；
低不闻，却非宜。
进必趋，退必迟；
问起对，视勿移。

译文

在长辈面前，说话的声音要放低一些，但如果低到让长辈听不清楚，也是不对的。去见长辈的时候，要快步走上前；告退的时候，则要放慢步子。长辈问话，要站起来回答，回答的时候，眼睛要看着长辈，不要东张西望，左顾右盼。

王充跪拜求学

王充是东汉时期杰出的思想家,他一生博览群书,著述无数,其中最著名的一部是《论衡》。《论衡》可以说是我国古代的一部"百科全书"。

王充小的时候,家里很穷,尤其是他父亲死后,他们母子二人生活就没了依靠,再也拿不出钱来供他读书了。

一天早上,王充来到学堂。老师见他眼睛红肿,而且没有带课本,感到十分惊讶,就问:"出什么事了吗?"王冲回答说:"学生这次来,是向老师您告别的。"

听王充讲明原因后,老师很为王充感到可惜。王充在学堂里很懂礼貌,学习又很优秀,老师特别喜欢他。现在他要离开学堂,老师也很舍不得,就送给了王充几本书,鼓励他不要放弃学业,要继续学习。

可是,家里沉重的生活担子也得由王充挑起一部分。于是,王充白天出去帮母亲干活,晚上点起油灯读书。不久,家里的书他全都读完了,可还是有很多疑问,他很希望能有一个老师指导自己。

过了一些日子,王充和母亲迁到了洛阳。洛阳有很多的书肆,里面有很多书,

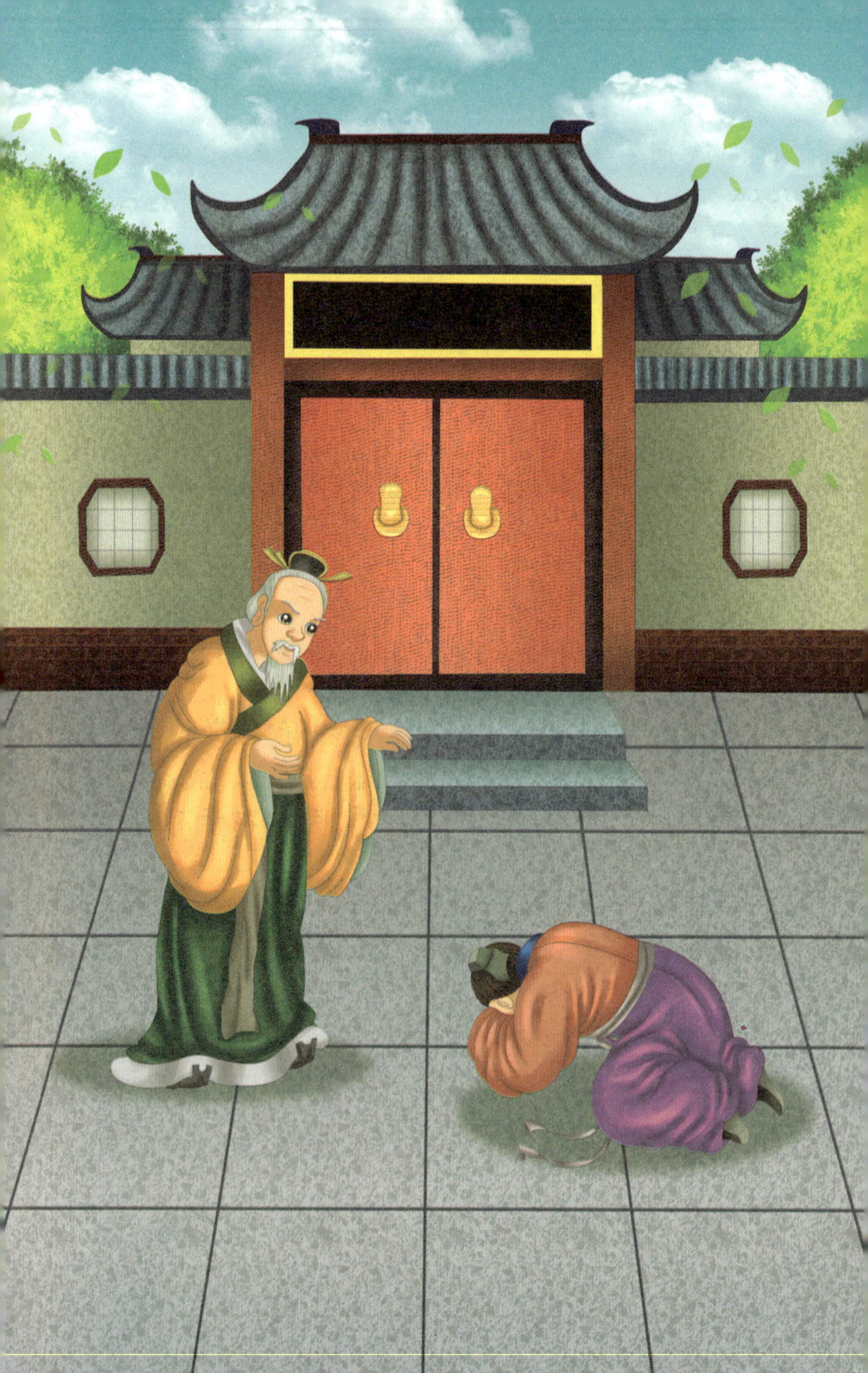

可供借阅。每天,王充都会到书肆里去读书,这些书籍就成为了王充亲密的朋友。

当时,史学家班彪在太学讲学,王充听说班彪学识渊博,就想跟随班彪学习。于是,王充多次到班彪家去拜访。但每次都被守门人拒之门外。一天,王充又去拜见班彪,恰逢班彪从大门出来。王充一见班彪,急忙迎了上去,跪拜说:"学生拜见老先生,希望老先生能够收纳学生。"

班彪看见这个人恭敬有礼,求学心切,就把他带了进去。交谈许久,班彪深感王充是个难得的人才,就收纳他到太学学习。

王充没有辜负老师的期望,成为了一个博学的人。

谨

朝起早，夜眠迟；
老易至，惜此时。
晨必盥，兼漱口；
便溺回，辄净手。

译文

清晨要早起，夜晚要迟睡，因为人的一生很短，转眼就老了，我们要珍惜年轻时的光阴。清晨起床后，一定要洗脸、洗手，还要刷牙、漱口；大小便后，要记得把手洗干净。

故事链接

祖逖闻鸡起舞

范阳人祖逖,少年时就胸怀远大志向,但他小时候是个不爱读书的淘气孩子,到他十四五岁时,他都没有读过几本书。家中的兄长为此都很苦恼,为他的前途担忧。但他性格开朗豁达,不把兄长们的担忧当一回事儿。

祖逖是个非常重义气的人,喜欢帮助弱者,深得邻里好评。他常常以兄长的名义,把家里的谷米、布匹送给贫苦农民,让

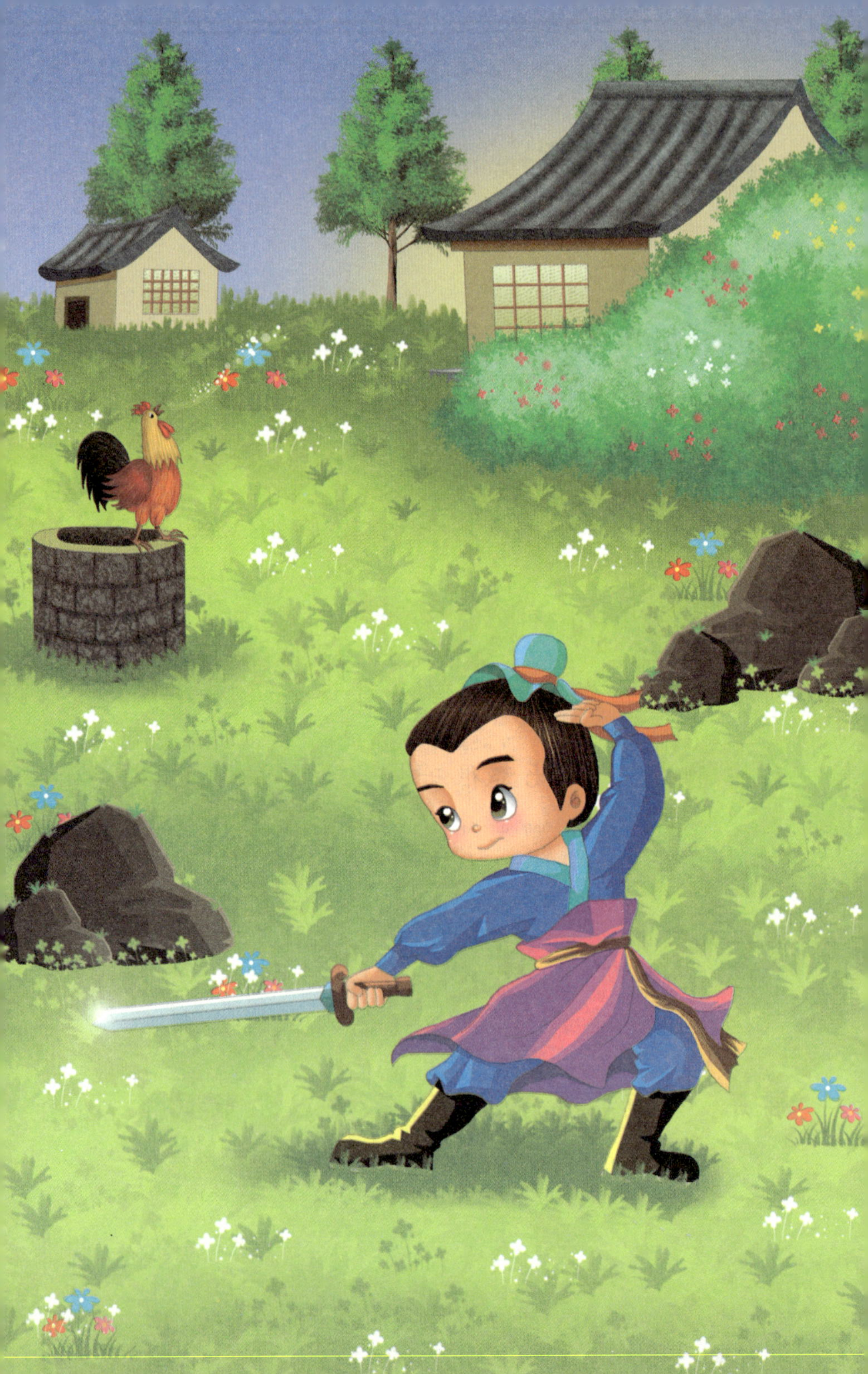

家人感到很无奈。随着慢慢地长大,他渐渐地意识到自己学识不够,深感不读书就不能够实现报效国家的理想。于是他就开始广泛阅读各种书籍,认真学习历史,从中学习丰富的知识,汲取前人的经验。很快,他的学问便有了很大的长进。

祖逖曾经和刘琨一起担任司州的主簿,那时他和刘琨睡在一间屋子里,为了实现理想,他们决定要刻苦练习武艺,以达到文武双全的目的。

一次,半夜里祖逖在睡梦中听到公鸡的鸣叫声,他一脚把刘琨踢醒,对他说:"别人都认为半夜听见鸡叫不吉利,而我就不这么想,以后听见鸡叫,我们就起床练剑，怎么样？"刘琨表示同意。

于是他们每天只要一听见鸡叫就起床练剑，剑光飞舞，剑声清脆。日复一日，年复一年，从来都没有间断过。

他们经过长期的努力学习和训练，终于成为文武全才，既能写诗作赋，又能领兵打仗。后来，祖逖被封为镇西将军，实现了自己报效国家的愿望；刘琨则做了征北中郎将，兼管并、冀、幽三州的军事，也充分发挥了自己的文才武略。

衣贵洁,不贵华;
上循分,下称家。
对饮食,勿拣择;
食适可,勿过则。

译文

穿衣服需要注重的是整洁,而不是昂贵华丽。穿着应考量自己的身份及家中的经济状况。日常饮食要注意营养均衡,多吃蔬菜水果,不要挑食、偏食,三餐要适量,避免过量饮食增加身体的负担,危害健康。

故事链接

苏轼房梁挂钱

"唐宋八大家"之一的苏轼,是北宋时期著名的文学家、书画家。同时,他还善于写诗词,不仅是豪放派词人代表,更是中国文学艺术史上罕见的全才。

苏轼二十一岁时考中进士,为官四十年。做官期间,他清廉正直,生活节俭朴素,过日子总是精打细算。

苏轼曾被贬官到了一个叫黄州的地方。官位的降低导致苏轼每年的薪俸减少了

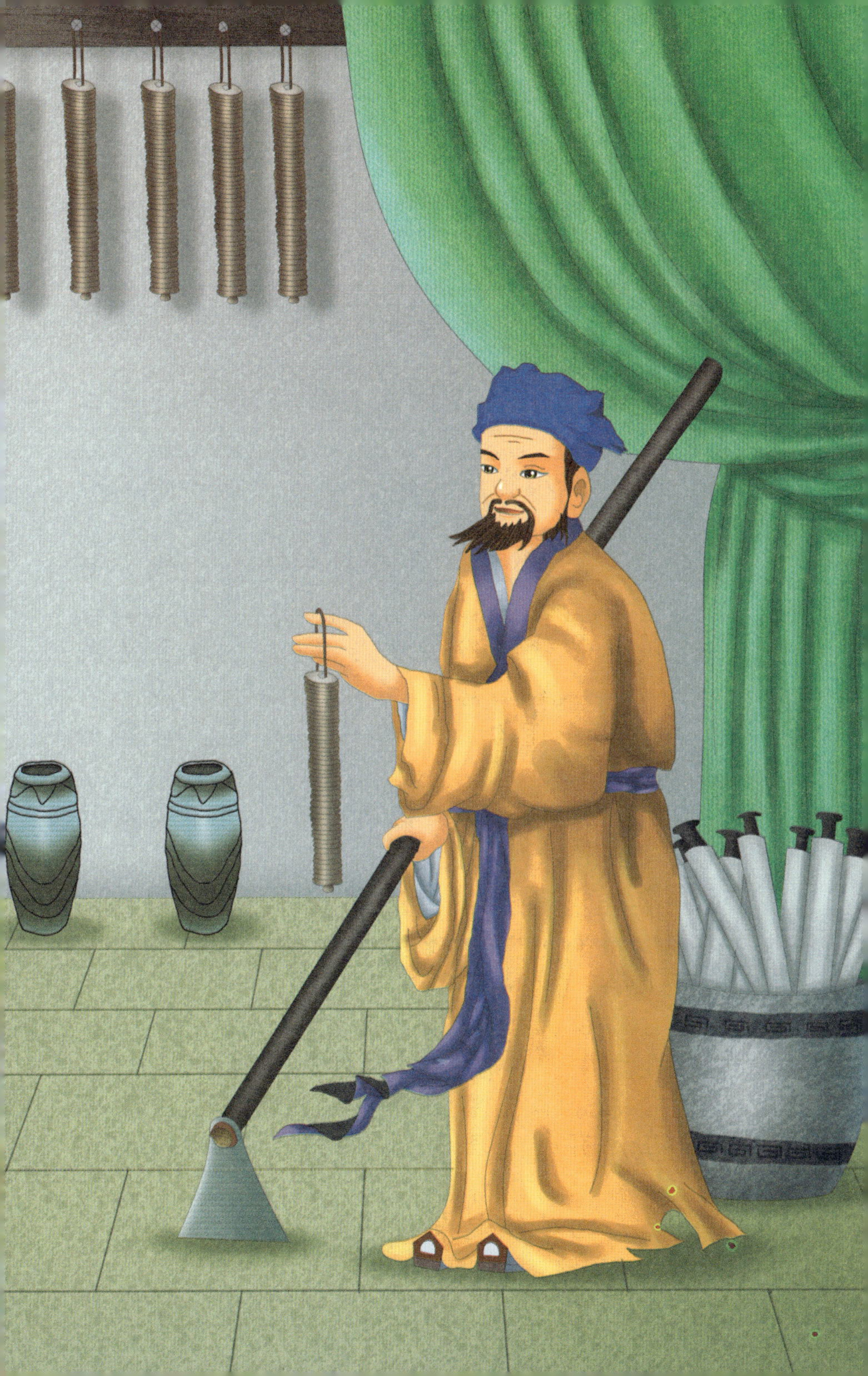

许多,家里的日子也一天比一天艰难。

为了让每一分钱都能花到该花的地方,苏轼制定了一个开支计划:先把一年所有的钱计算出来,然后把这些钱平均分成十二份,每个月只能用一份;每个月的一份又平均分成三十小份,每天用一小份。钱分好后,苏轼把钱按份挂在房梁上,每天清晨取下一包,作为当天的生活开支。每拿一小份钱,他还要仔细权衡一下,有不需要的东西就坚决不买,每天只准有剩余的钱,绝对不准超支。积攒下来的钱,苏轼就将它们存在一个竹筒里,用来防备不时之需。

在他有条有理的安排之下,苏轼家的日子一天天地好转起来,不需再为生活犯愁。

步从容，立端正，
揖深圆，拜恭敬。
勿践阈，勿跛倚，
勿箕踞，勿摇髀。

译文

走路时脚步要从容不迫，站立的姿势要端正。行礼时要把身子深深地躬下，跪拜时要认真恭敬。进出门口不要踩踏门槛，站立时要避免身子歪曲斜倚，坐着时不要双脚叉开像簸箕一样，也不要不停地摇晃双腿。

孔子尊师

公元前521年,孔子的学生宫敬叔奉鲁国国君之命,要去周朝国都洛阳朝拜天子,孔子觉得这是个向周朝守藏史老子请教"礼制"学识的好机会。于是,孔子就去向鲁昭公申请与宫敬叔一同前去。

到达洛阳的第二天,孔子就一路步行到守藏史府去拜望老子。当时老子正在写《道德经》,听说闻名天下的孔子到自己家中请教,赶紧放下手中的刀笔,整理好自

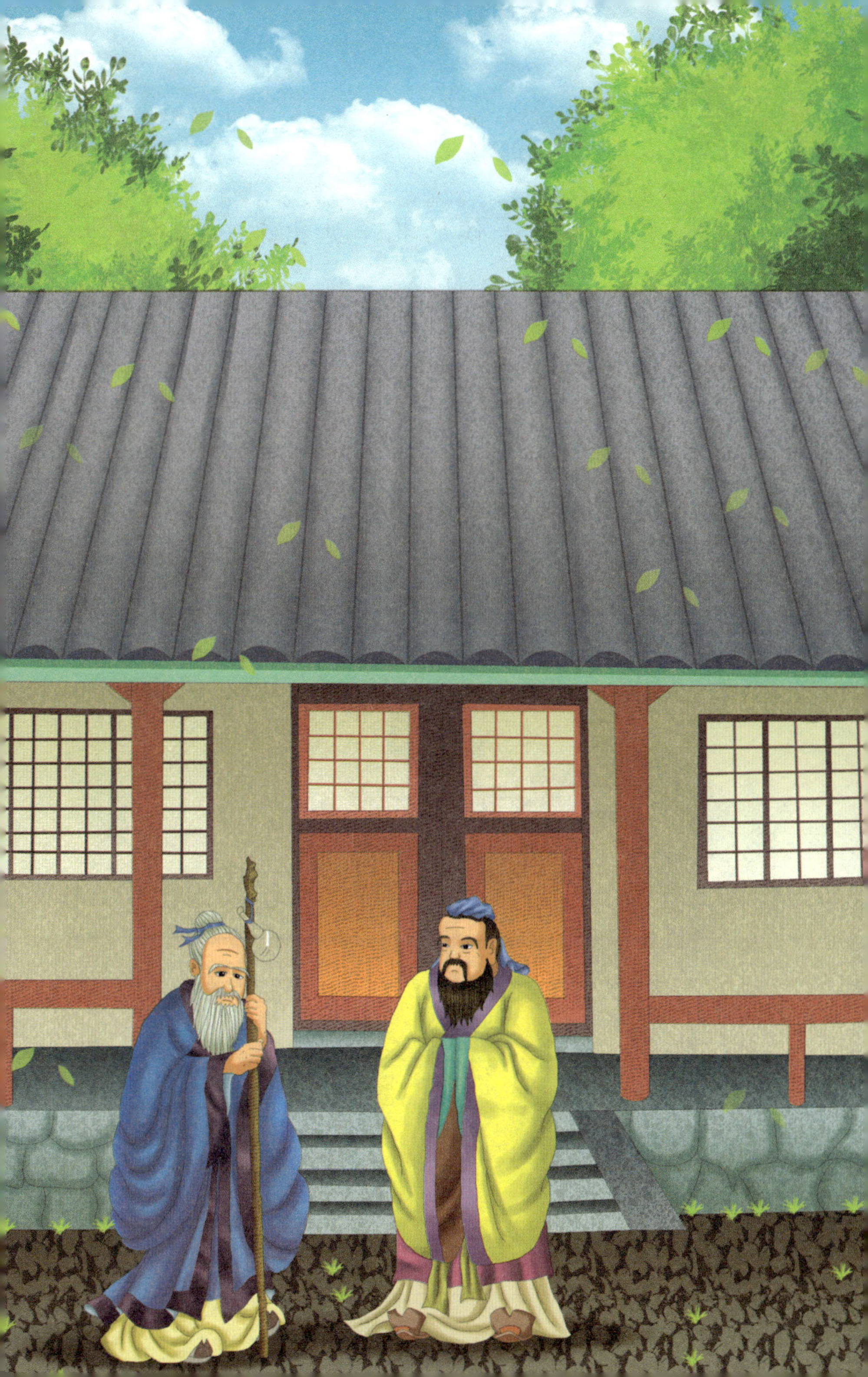

己的衣服出去迎接。

在大门外等候的孔子见出来一位年逾古稀，精神却依然很好的老人，心想这一定就是老子了，就赶紧走向前恭恭敬敬地向老子行弟子礼。老子将孔子带进府中，进入大厅后，孔子再拜后才坐下来。老子问孔子到他家里有什么事，孔子离开座位回答："我对古代的'礼制'一无所知,今天是专程过来向老师您请教的。"老子见孔子这样诚恳,就详细地发表了自己的见解。

孔子回鲁国后,他的学生们请他讲解老子的学问。孔子说:"老子博古通今,知道礼乐的起源,明白做人的道理,真的是一位好老师。"孔子还打比方赞美老子,他说:"我知道鸟儿能飞,鱼儿会游,野兽善跑。我可以用箭射下鸟儿,用鱼钩钓到鱼儿,结网逮住野兽。至于龙,我就不知道它是如何乘风云而飞上天的。而老子,他就像一条飞龙。"孔子在当时已经非常受人敬仰,但他在老子面前却十分地谦恭。

事勿忙,忙多错;
勿畏难,勿轻略。
斗闹场,绝勿近;
邪僻事,绝勿问。

译文

做事不要匆匆忙忙,匆忙就容易出错;做事不要害怕困难,但也不要轻率地对待看似简单的事情。容易发生打斗的场所,绝对不要靠近;那些邪恶荒诞的事情,绝不要好奇去打听。

勾践卧薪尝胆

公元前498年，长江下游的吴越两国因小怨而爆发了一场战争。越王勾践以范蠡为军师，大败吴国军队。当时已经年老的吴王也在这场战争中伤重身亡，年轻的夫差继承了王位，他发誓要消灭越国，一雪前耻，替父亲报仇。

夫差招兵买马，使得吴国的势力慢慢地强大起来。三年后，夫差率领雄兵攻伐越国，最终吴国取得了胜利。夫差差点儿就

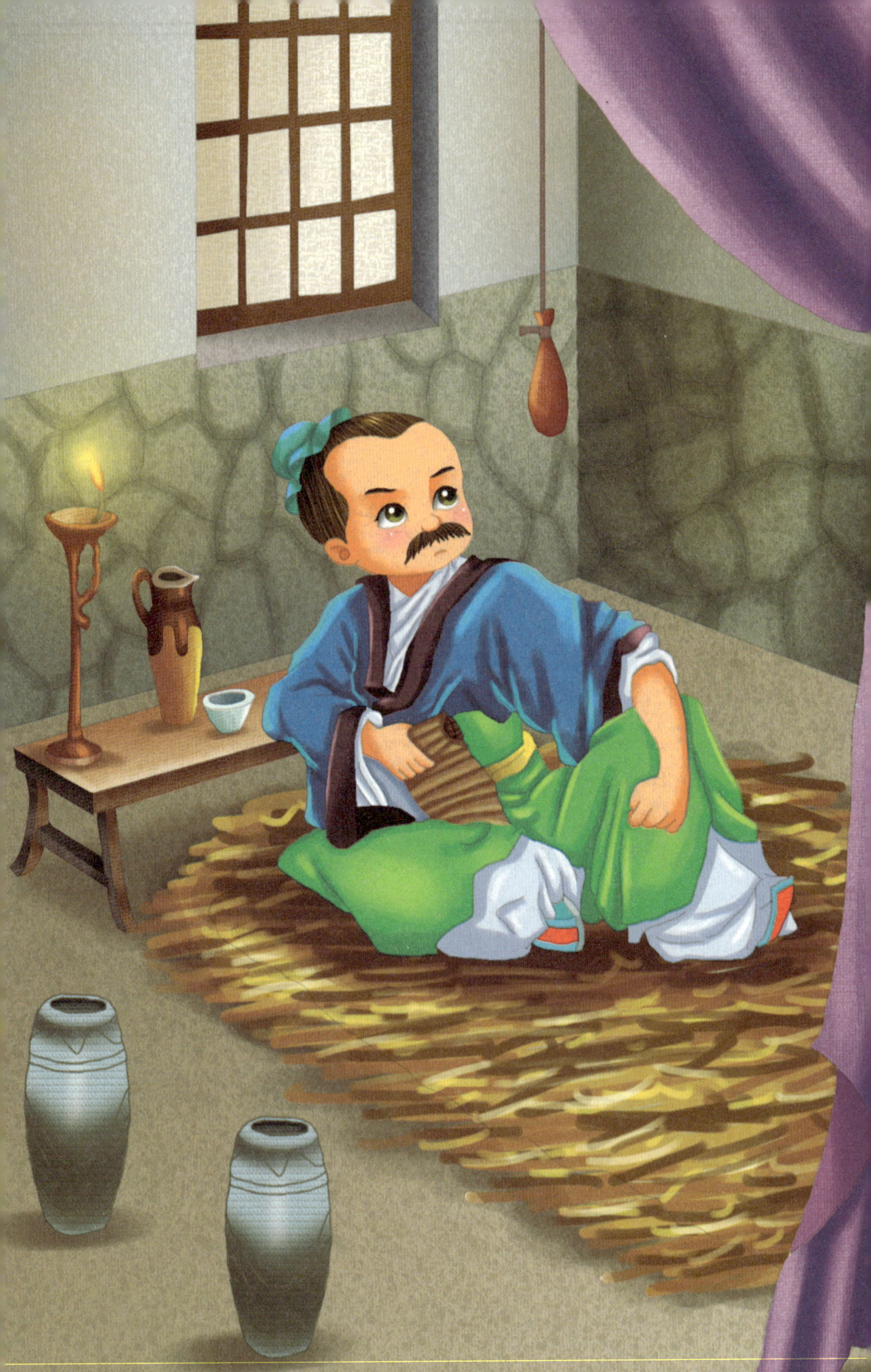

要取得越王的性命、消灭越国的时候,文种用重金买通吴国大臣伯嚭与夫差做一番周旋后,为越王赢得了一线生机。

于是,勾践和臣子做了吴国的奴隶。又过了三年,夫差患了一场重病。一直寻医无方,范蠡抓住良机,让勾践为夫差尝粪寻找病源。此举彻底感动了夫差,夫差便下令释放了勾践。

勾践从来没有忘记亡国之耻,回到越国后,决心要复兴越国。他睡在简陋的柴房里,还在房梁下吊了一根绳子,绳子一端系着一只苦胆,每天早上醒来,勾践所做的第一件事就是先尝一口苦胆,用来警示自己,一定要重振越国。

后来，勾践率领三万雄兵，一举将姑苏城团团围困。此时，夫差拥有最后五万兵马，却因粮草难以接济，被勾践打败了。

勾践苦心励志，发愤强国，创下了以小胜大、以弱胜强的神话。他卧薪尝胆，忍受一切艰辛，得以再次强大越国。

将入门,问孰存;
将上堂,声必扬。
人问谁,对以名,
吾与我,不分明。

译文

准备进入别人的家门时,要先问一问有没有人在里面;将要进入厅堂时,要把说话的音量放大些,让里面的人能够知道有人来了。有人问"你是谁?"回答时要说出自己的名字,如果只说"吾"或是"我",对方就不清楚到底是谁。

故事链接

程门立雪

杨时从小聪明伶俐,四岁时就入学堂读书,七八岁时,就能够写诗作赋,很快就在乡里闻名,被当地人称作神童。他十五岁时攻读经史,宋熙宁九年考中进士。他的学问很高,一心想要著书立说,曾在许多地方为人讲经论学,备受人们欢迎。闲暇的时候,他就会前往含云寺或龟山书院,潜心攻读,著说教学。

杨时听说程颐是一个博学多才的人,

他在赶往浏阳县任职的途中,不辞舟车劳苦,绕道洛阳,前去拜程颐为师,以求自己在学问上能更进一步。

有一天,杨时与他的学友游酢,对某问题有不同看法,两人多次争论,却未能分辨到底谁的观点才是正确的。于是,为了求得一个正确答案,他俩决定一起去程颐老师家请教。

当时正是寒冬季节,大雪纷飞,天寒地冻。寒风不断灌进他们的领口,他们也顾不上去理会这寒冷的天气,只是将衣服裹得紧紧的,依旧匆匆赶路。

当他们到达程颐家时,恰好程颐在休息。他们二人不忍心打扰老师,就恭恭敬敬立在门外,等候先生醒来。

谁知这时,狂风大起,雪越下越大,不一会儿的工夫,房屋就披上了洁白的素装。杨时二人的脚都冻僵了,冷得发抖,但依然恭敬侍立。

过了许久,程颐一觉醒来,从窗口望去,惊奇地发现自己家门口怎么多了两根柱子。等他走过去细看,才知道是站在风雪中的杨时和游酢,那时他们全身都被大雪覆盖,脚下的积雪已有一尺多厚了。程颐见此情形,赶忙把他俩迎进屋。得知他俩如此有诚意前来请教便详尽地解答了他们的问题。

聪明的孔融

东汉末年,北海地方出了一个很博学的人,他的名字叫孔融。孔融从小就很聪明,非常善于言辞,小小年纪,就已经在社会上享有了盛名。

在孔融十岁的时候,他跟父亲到洛阳。当时洛阳的河南太守李元礼,声誉名望极高,往来于太守府中的人除了他的亲戚外,几乎都是当时社会上很有名望的人。如果不是名人前往拜访,守门的人是不会进去通报的。

年仅十岁的孔融,却不怕被拒之门外,大胆地去拜访李元礼太守。他当然知道凭自

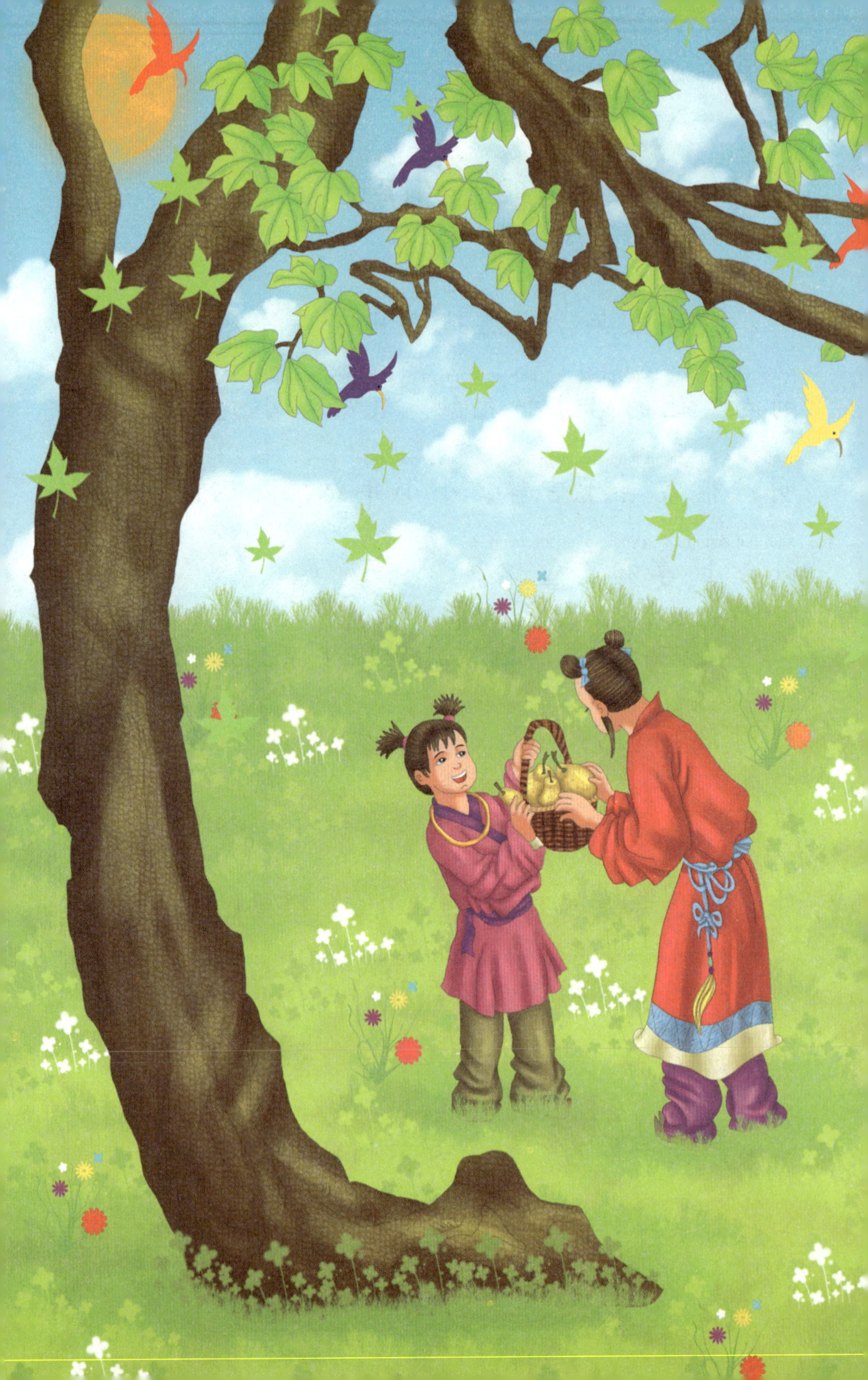

己的身份，守门人是不会通报的。于是，他就想了一个办法。当他来到李府门前，他对守门人说："我是李太守的亲戚，你进去给我通报一下。"守门人听说是亲戚，就急忙进去通报了。

不一会儿，李太守就接见了孔融。李元礼很疑惑地问他说："我从来没有见过你，请问你又怎么会是我的亲戚呢？"

孔融回答道："我的祖先仲尼（即孔子）曾向你的祖先伯阳（指老子，老子姓李名耳，字伯阳）请教过关于礼节的问题，他们有师资之尊。这样看来，我和您也能算是世交。"当时在场的很多宾客，都被孔融的这一回答给震住了，李元礼也觉得孔融的回答十分巧妙。

那时有一位大夫陈韪，在孔融之后才到，在座的宾客将刚才孔融的事情告诉了他，他很不屑地说道："小时了了，大未必佳。"这话让孔融听到了，立即聪明地反驳说："依我看陈大夫小的时候，一定是个很聪明的人。"陈韪这下不能说自己小时候不聪明，又不好承认小时候聪明，一下没有话说了。

> yòng rén wù　xū míng qiú
> **用人物，须明求；**
> tǎng bú wèn　jí wéi tōu
> **倘不问，即为偷。**
> jiè rén wù　jí shí huán
> **借人物，及时还；**
> rén jiè wù　yǒu wù qiān
> **人借物，有勿悭。**

译文

借用别人的东西，要事先明确地提出请求，如果没有得到别人的同意就拿去用，那就是偷别人的东西。从别人那儿借来的东西，要及时归还；别人向我们借东西，如果我们有就应该借给对方，不要吝啬不借。

宋濂借书求学

明朝时期的宋濂,小时候很喜欢读书,但是他家里很穷,没钱买书,也不能上学院读书,只好向别人借书。宋濂按时把书还给别人,从不逾期,而且总是很珍惜借回的书,每本都保存得完好无损,人们都乐意把书借给他。

一次,宋濂借到一本书,他对那本书爱不释手,就想把它抄下来。可是还书的日期就快到了,按现在的速度,在规定的期限内他是抄不完这本书的。他只好日夜不停地抄书。

时值隆冬腊月,滴水成冰,严寒难耐。宋濂母亲见儿子这样刻苦地抄书,就对他说:"孩子,等明天天亮再抄吧,别人又不急着要看这本书,你多借几天也不要紧的。"宋濂说:"不管别人急不急着看,期限到了我就要把书还回去。失信于人,又怎么能够得到别人的尊重,别人又怎么会再把书借给我呢!"

又有一次,宋濂要去远方向一位学者请教,他们约好了见面日期,可是就在准备出发的那天下起了鹅毛大雪。宋濂挑起行李准备上路,母亲惊讶地说:"天气这么恶劣,怎么出门啊?你这一件旧棉袄,怎么抵御深山中的严寒啊！"宋濂说："母亲，我要是今天不出发，就会耽误了拜师的日子。失约就是对老师不尊重啊。再大的风雪，我都要去。"

宋濂从不失信于人，说到做到，当时的人都愿意和他交往。

信

凡出言，信为先，
诈与妄，奚可焉。
话说多，不如少，
惟其是，勿佞巧。

译文

凡是开口说话，首先要讲信用，欺骗别人或胡乱说些没有根据的话，是要不得的。说话要注重实际，说得多不如说得少，说话只说真实准确的内容，不说没用的花言巧语。

范式守信赴约

东汉范式为了求学,千里迢迢从山东到洛阳读书,来自河南的张勋是他的同窗好友,他们两人有着共同的兴趣爱好,因此建立了深厚的友谊。

几年的求学之路眼看就要结束,他们都要各自回家了。临别时,两人尤为难舍难分,范式握住张勋的手,深情地说:"这次分别,也不知道什么时候才有机会见面了,我们不如约定一个时间吧,两年后我来洛

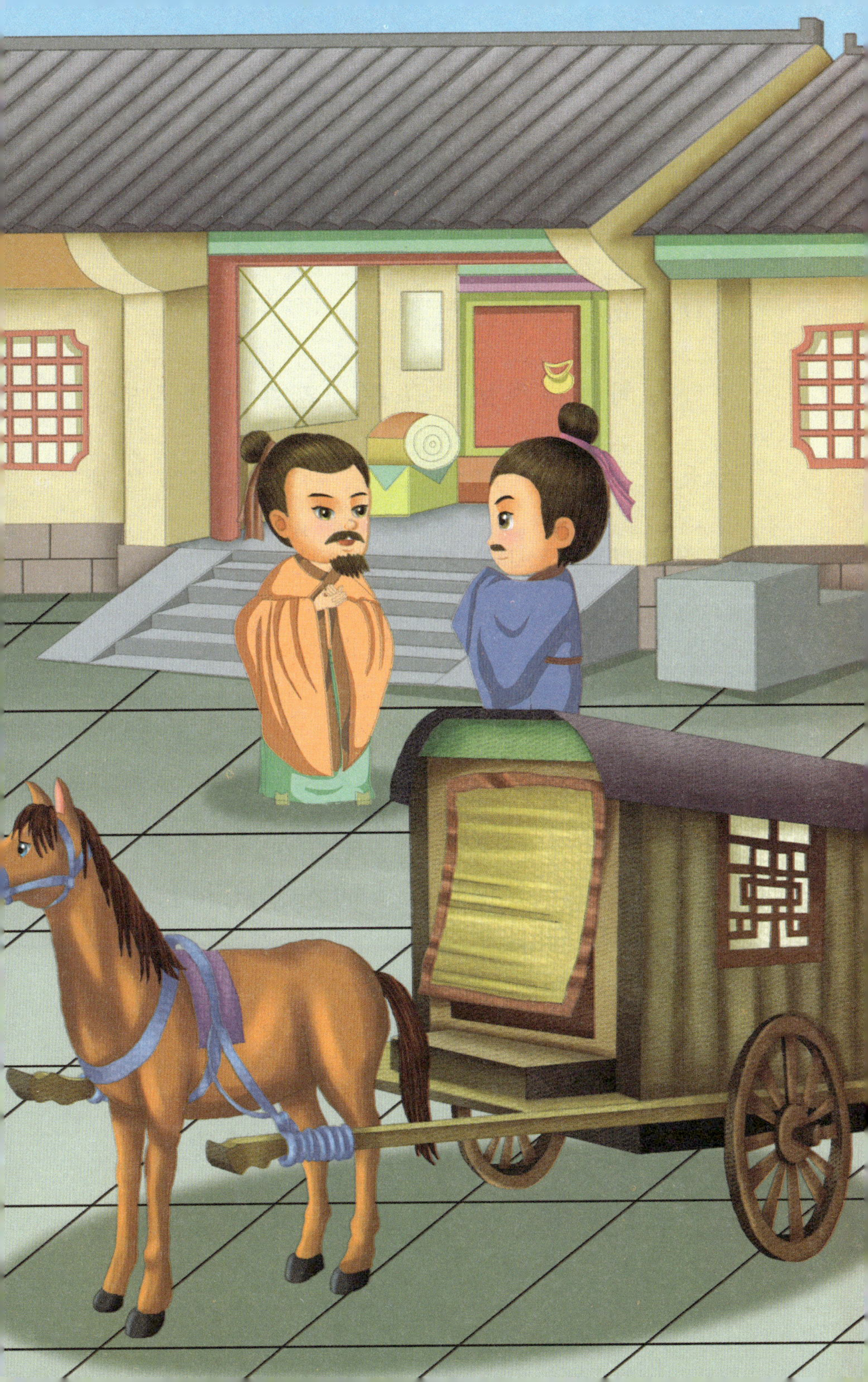

阳,到你家去拜访你和你的家人,与你畅谈几天。"张勋激动地说:"到时候我会到路口去迎接你的。"

时间过得很快,转眼间两年就过去了。这天将要来临的时候,张勋把这件事给他的母亲说了。母亲不以为然地说:"事情已经过去两年了,说不定当时范式只是随便说说,他的家远在千里之外,你还真的相信他会来赴约吗?"张勋很有信心地回答说:"范式绝对是个信守诺言的人,我相信他一定会如约而来的。"

约定的日子到了,张勋一大早就到路口等候,可是已经到中午了,范式还没有来。过了不久,远处隐约地有一辆马车向这边驶来，张勋心中十分兴奋，他想：一定是范式来了。于是，他便快步迎上前去。走近一看，果然是范式。分别了两年，今天再次见面，两个人都抑制不住这重逢的喜悦。张勋的母亲也为儿子有这样一位守信用的朋友而高兴。

见未真,勿轻言;
知未的,勿轻传。
事非宜,勿轻诺;
苟轻诺,进退错。

译文

还未看到事情的真相,不要轻易发表意见;自己了解得不够清楚的事情,不要随便传播。别人要求我们做的事情,如果不方便,就不能随便答应;如果信口答应了,不论做还是不做,都会是我们的错,我们就会进退两难了。

季札还剑

季札,春秋时期吴国人。他学识渊博、道德高尚、为人诚信,只要向别人许下承诺,就一定会竭尽全力去办到。

一次,季札遵照吴王的旨意出使各诸侯国。途中他经过徐国,受到了徐国国君的热情款待。两人志趣相同,他们谈古论今,十分投机。

几天后,季札要离开徐国去往其他诸侯国,徐国国君设宴给他送行。宴席上有美酒佳肴,还有动听的音乐相伴。酒喝到尽兴处,季札站起身,拔出自己的佩剑,应和着音乐舞剑,以助酒兴,以表对徐国国君的感谢。季札的这把佩剑,剑鞘精美大方,雕有蛟龙戏珠的图案,镶嵌着上等宝石,显得格外精致。不仅如此,这把佩剑还剑锋锐利,寒光闪闪,散发出一种寒气,让人觉得害怕,是一把上等好剑。徐国国君是一个爱剑之人,连声称赞:"好剑!好剑!"季札看出徐国国君非常喜欢这把宝剑,便想将这把剑送给徐国国君。可是,这是出使前吴王赐给他的,是作为吴国使节的信物,没有了这把佩剑,诸侯国国君是不会接见他的。现在任务还没有完成,佩剑是不能够送人的。徐国国君也明白季札的难处，尽管自己十分喜欢这把宝剑，也一直没有说出来。

离开的时候，徐国国君又送给季札许多礼物，季札非常感激徐国国君的体谅，就在心里许下诺言：等我从其他诸侯国拜访回来，就将这把宝剑送给徐国国君。

几个月后，季札完成任务，踏上归途。再次经过徐国，他不顾劳累，径直去找徐国国君，将佩剑送与他。可是，徐国国君不久前得了一场重病，去世了。

季札来到徐国国君的墓前，三行大礼，然后对着国君的墓说："徐君，我来了，我知道您喜欢这把剑，现在我完成使命，可以把它送给您了。"于是他取下佩剑，敬到墓前。

一旁的随从不解地问："大人，徐国国君已经去世了，即使你把剑放在这儿，他也得不到了，这么做还有什么意义呢？"季札说："那天离开徐国时，我就在心里许诺，等我回来的时候，将这把剑送给他，这把剑早就不属于我了。现在，我只不过是把剑还给徐君。"

季札做人诚信，从不轻易承诺，承诺后就必定尽力办到，真是令人钦佩。

唯德学,唯才艺,
不如人,当自砺。
若衣服,若饮食,
不如人,勿生戚。

译文

做人最要紧的是品德、学问、才能、技艺,如果这些方面比不上别人,就要不断勉励自己,发愤努力追赶。如果是吃穿用度这些方面不如别人,则没有必要忧虑难过。

故事链接

魏文侯登门求教

战国初期,魏国的势力最强,这与魏文侯的贤明是密不可分的。魏文侯礼贤下士,知人善任,器重品德高尚、才华出众的人,他搜罗天下人才,虚心听取他们的意见,全心治理国家。

当时,魏国有一个叫段干木的人,是一个文武全才的能人,在当时的名望很高。但他却隐居在一条僻静的小巷里,不愿踏入官场。魏文侯想去拜访他,向他请教治理国家的方法。

有一天,魏文侯坐着车子亲自到段干木家去拜访。段干木听到屋外有马车的声音,急忙翻墙头跑了。魏文侯没有见到段干木,吃了闭门羹,只得失望地回去了。后来,魏文侯又接连去拜望了几次,段干木都没有露面相见。可是,魏文侯并没有因为这样而怨恨段干木,反而更加地仰慕他,每次乘车路过他家门口时,都会站起来,扶着马车上的栏杆,向着段干木家望去,表示敬意。

后来,魏文侯放下国君的架子,不乘车马,不带随从侍卫,步行到段干木家里,才得以见到段干木。魏文侯恭恭敬敬地向段干木求教,段干木看他诚意如此之深,就给他提了很多宝贵的建议。魏文侯想请段干木做相国,段干木坚决推辞。魏文侯就拜他为师,一有时间就去拜望他,询问重大问题的解决办法。

魏文侯礼贤下士,器重人才的行为很快就传开了。一些博学多能的人都先后前往投奔魏文侯。

闻过怒,闻誉乐,
损友来,益友却。
闻誉恐,闻过欣,
直谅士,渐相亲。

译文

听见别人说自己的缺点就生气,听到别人称赞自己就高兴,这样子的话,对自己有害的朋友就会越来越多,对自己有益的朋友就会慢慢地远离我们。如果听到别人称赞自己,会内心感到不安,生怕自己没有这些优点,只是空有虚名;听到别人指出自己的缺点时,心里反而欢喜接受,这样的话,那些

正直诚信的人会越来越喜欢与我们亲近。

故事链接

管鲍之交

管仲和鲍叔牙是一对十分要好的朋友。管仲的家里比较贫困,家中还有年老的母亲,生活很困难,而鲍叔牙家相对比较富裕。鲍叔牙知道管仲的家境后,就找管仲一起投资经商,希望这样能够帮助管仲摆脱贫困。做生意的本钱几乎都是鲍叔牙一个人拿的。

他们俩一起用心地经营生意,生意越

做越好,但是赚了钱以后,管仲却悄悄地多拿了一些。鲍叔牙的仆人知道后,有点不满地说:"管仲真不知好歹,本钱拿得比您少,分钱的时候却比您拿的还多!而且还总在背后悄悄地拿,这样跟偷有什么区别。"鲍叔牙却对仆人说:"你千万不要这么说管仲,他家里生活比较困难,又要奉养母亲,多拿一点儿是理所当然的。"

有一次,他们两人一起去打仗。每到进攻的时候,管仲从来不会冲在前面,相反却都是躲在后面。大家都对他的这个行为感到可耻,骂他说:"管仲真是一个贪生怕死的人。"鲍叔牙马上替管仲解释说:"你们别这么说,

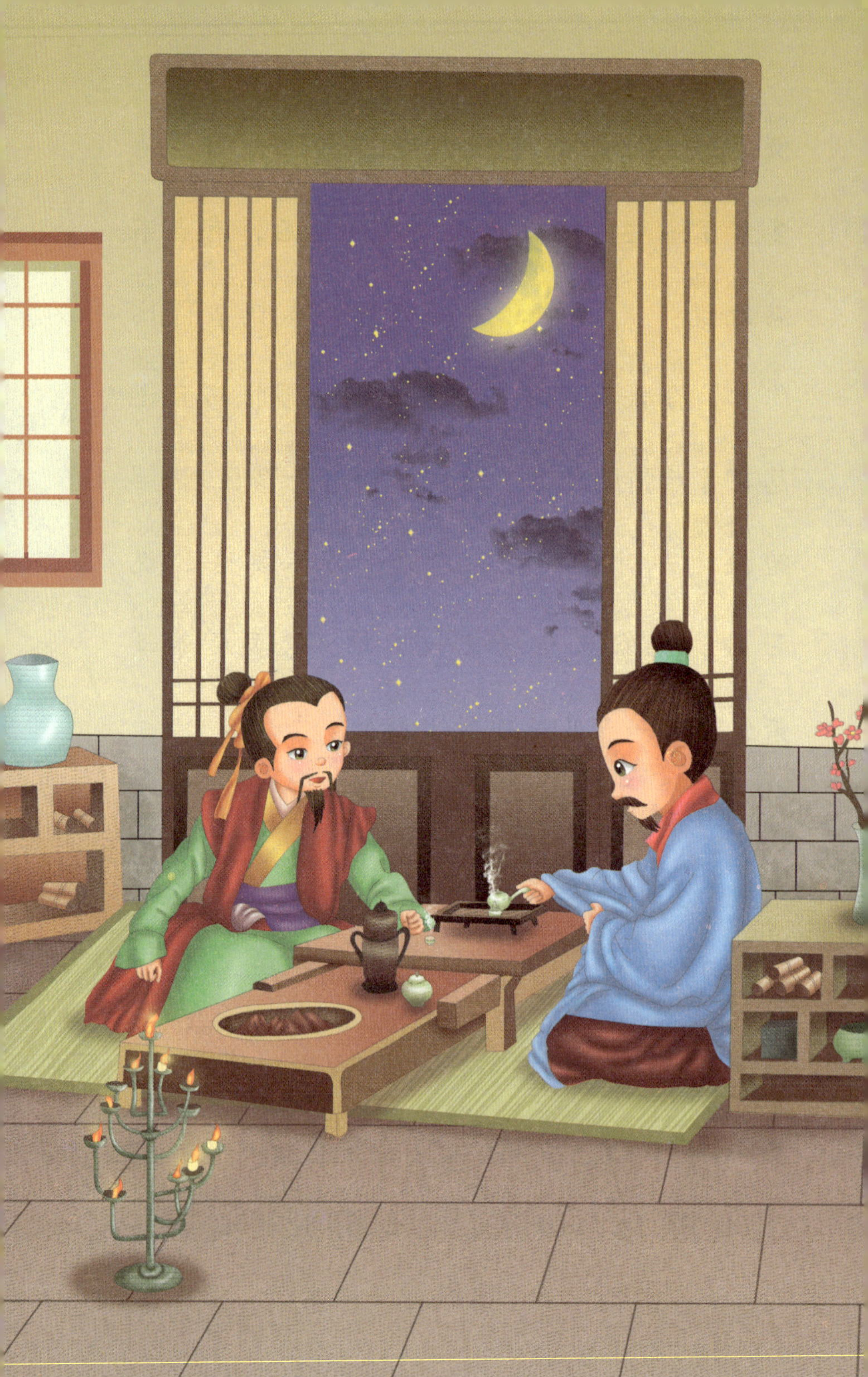

管仲并不怕死,是因为他家里还有一位老母亲,他是为了留着性命照顾他的母亲!"鲍叔牙的这些话为管仲解了围。

后来,鲍叔牙辅佐公子小白,管仲则辅佐公子纠。公子小白当上国君以后,就封鲍叔牙为宰相,鲍叔牙对公子小白说:"我觉得有一个人比我更适合宰相这个位置。"公子小白很奇怪,说:"除了你,还有谁会更适合做宰相呢?"鲍叔牙不假思索地说:"这个人就是管仲。"公子小白一听很疑惑地说:"管仲他要杀我,是我的仇人,你却叫我封他为宰相!"鲍叔牙解释说:"他是为了帮他的主人公子纠才这么做的,不能怪他!"小白听了鲍叔牙的话,就请管仲当了宰相。

管仲对他的孩子说:"我年轻时家境贫寒,鲍叔牙就叫我和他一起做生意,分钱时,我总是多拿,但鲍叔牙从不认为我贪财;我替鲍叔牙办事,把事情办砸了,鲍叔牙也不认为我愚蠢。我曾经三次做官,却都因为一些事情办得很不到位而被国君辞退,只有鲍叔牙依旧相信我的才能,后来还向公子小白举荐我当了宰相;我曾经三次作战时,总是不往前冲,鲍叔牙却不认为我贪生,他知道我家里有老母亲。后来,我辅佐公子纠失败了,被囚受辱,鲍叔牙知道我不以小节为羞,不以功名没有显露于天下为耻。真是生我者父母,知我者鲍叔牙!"

无心非，名为错；
有心非，名为恶。
过能改，归于无，
倘掩饰，增一辜。

译文

无意中做了不好的事情叫做"错"，存心做不好的事情就叫做"恶"，错是可以原谅的，恶是应该接受惩罚的。有了过错能够改正，就等于没有做过错事一样；假如犯了错却加以掩饰，那就是错上加错，又增添了一条过错。

故事链接

曹操割发代首

魏武帝曹操,是三国时期著名的政治家、军事家,他治军严谨、讲究信用,在他的军队中留下了诚信的美名。

一次曹操率领大军去打仗,正值麦苗黄熟、秋收之际。老百姓害怕军队,都躲到了村外,没有人敢收割麦子。

曹操听说后,立即派人告诉老百姓,这次出兵是奉皇上旨意,讨伐逆贼为民除害,不会伤害百姓。曹操叫百姓安心回家收麦子,并立下军令,如果军队中有践踏麦田的人,立即斩首。

老百姓开始并不相信,依然躲在村外,没有人敢回家割麦。

后来,曹操的军队在经过麦田时,都用手扶着麦秆,小心翼翼地走过麦田,一个挨着一个,没有一个人敢践踏麦子。老百姓在暗处看见了,相信了曹操,便都回家收割麦子了。

曹操骑马缓慢地向前走着,忽然,一群鸟儿从旁边掠过,曹操的马受到了惊吓,一下子蹿到了麦田里,踏坏了一片麦子。曹操立即叫来其他将军,要求用军法处置自己。

将军们说:"丞相只弄坏了这点儿麦子,

就不用治罪了。"曹操说:"是我立下的军令,现在自己却办不到,又怎么去约束士兵呢?不讲信用,又有什么资格统领军队呢?"说着,就抽出佩剑要自刎,随从赶紧拦住了他。

这时,大臣郭嘉走上前说:"古书上说,法不加于尊。丞相现在统领大军,身上背负着很大的责任,现在怎么能没有您呢?"

曹操沉思一会儿说:"既然'法不加于尊',我又有重要任务在身,那就暂且免去一死。但是,我的确犯了错误,必须受到惩罚。"于是,他用剑割断了自己的一缕头发。

曹操派人传令说:"丞相践踏麦田,

按军令应该斩首示众,由于肩负重任,所以割掉头发替罪。"

曹操位高权重,能够割发代首,严厉军纪,身体力行,得到了百姓们的信任和拥护。

魏征直谏

魏征是唐太宗贞观年间的名相,他生性耿直,且很有胆识。对于唐太宗的过失,魏征敢于当面指出,而且常常不留情面,唐太宗虽然有时也对他十分恼火,但还是非常重用和赏识他。

有一回,外番进贡给唐太宗一只珍贵稀有的雀鹰。这只雀鹰非常惹人喜爱,唐太宗

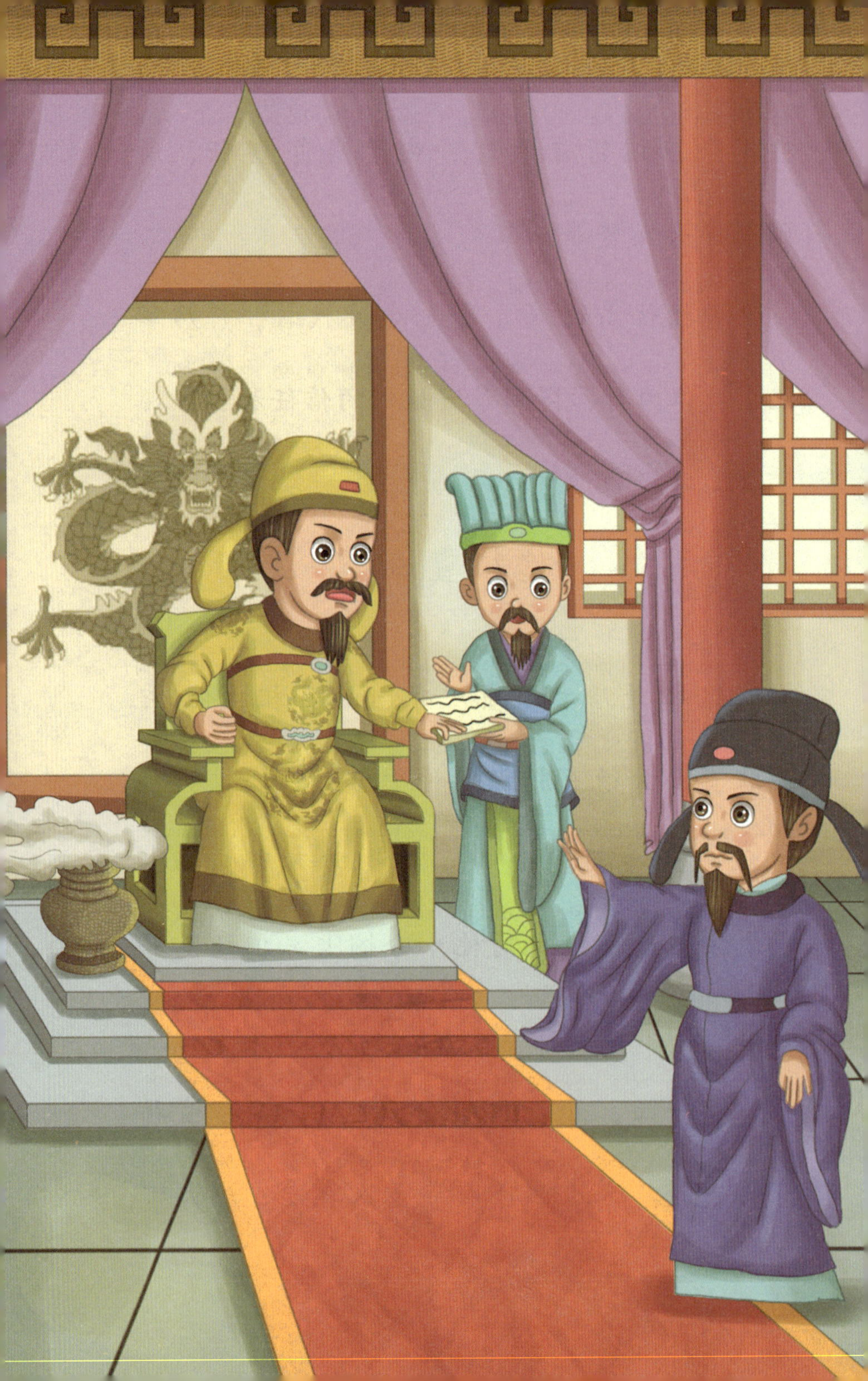

天天把它携带在身边,随时戏弄逗乐,就连和大臣们谈论国家大事时也不肯放下。

魏征知道这件事后,就进宫面见皇上。当时唐太宗玩鸟玩得正在兴头上,见魏征来了,担心他看见自己玩鸟,又要进谏,就慌忙把雀鹰藏在了自己的袖筒里。

魏征装作什么都没看见的样子,径直走到唐太宗面前,行过礼后就开始谈论国家大事。唐太宗本来以为魏征说一会儿就会离开,没想到他一件事接一件事地说个没完没了。这可把唐太宗急坏了,他一会儿坐下,一会儿站起来,坐立不安。魏征当然明白是什么原因,但他仍不动声色地询问道:"难道皇上今天身体不舒服吗?"唐太宗真是哑巴吃黄连——有苦说不出啊,一时无言以对。

很快两个时辰过去了,魏征终于汇报完了国家大事,起身告辞了。唐太宗赶忙从袖中取出雀鹰,却发现鸟儿早已经憋死在袖中了。唐太宗看着憋死的雀鹰,非常生气,觉得魏征是故意戏弄自己。可是,他仔细一想,又觉得刚才和魏征的一席谈话,让自己学到了不少治国之道,权衡之下,唐太宗还是原谅了魏征,没有责怪他。

贞观十七年,魏征不幸病死。唐太宗非常伤心,他十分惋惜地对大臣们说:"以铜为镜,可以正衣冠;以古为镜,可以知兴替;以人为镜,可以明得失。我常常

通过这三面'镜子'来谨防自己犯错。如今魏征死了,我从此失去了一面'镜子'啊!"

知识百宝箱

哑巴吃黄连——有苦说不出

歇后语,心里有苦处,但是没有办法说出来。常用来形容人有难言之隐,但是又不能,或者无法向其他人表达自己的痛苦。

泛爱众

凡是人，皆须爱，
天同覆，地同载。
行高者，名自高，
人所重，非貌高。

译文

世间的所有人都应该和睦相处，互相爱护，因为大家都生活在同一片蓝天下，同一块土地上。品行高尚的人，他的声望自然就高；人们敬重一个人，并不是因为他的外表容貌。

故事链接

三世辅臣富弼

富弼,北宋洛阳人。他在为官期间,对国家尽心尽力,对百姓十分关爱;在处理外交、边防、赈济灾民等事务中,取得了显著成就。他由此而深受皇帝信赖,官位不断晋升,先后担任仁宗、英宗、神宗三朝宰相,是天子器重、百官敬仰的名臣。

仁宗庆历二年,北方契丹民族屯兵边境,要求宋朝将关南的大片领土割让给他们。朝廷命富弼为使者,前往敌营谈判。

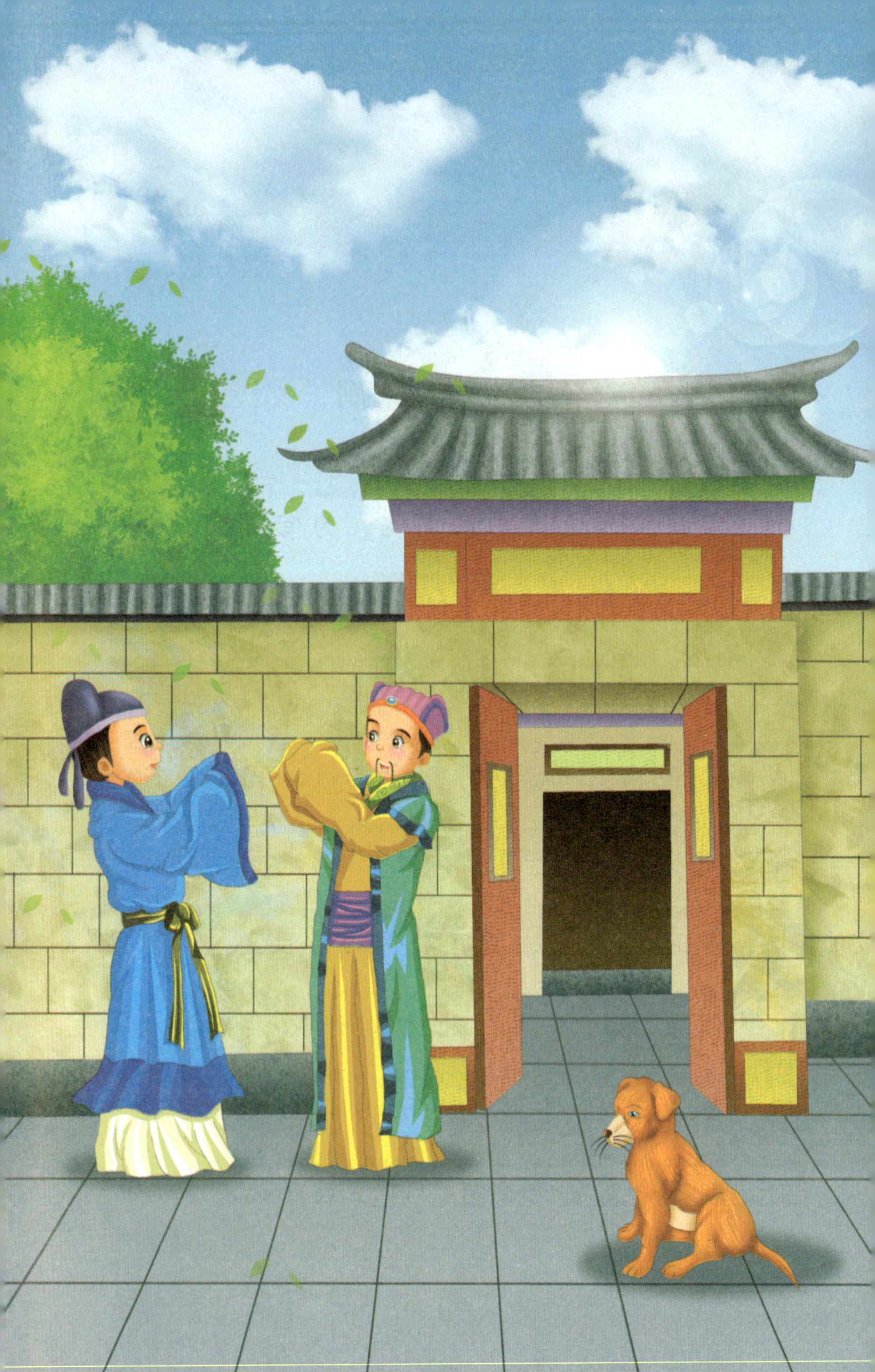

在谈判中,富弼将个人安危置之度外,慷慨陈词,成功劝说了契丹首领,维护了宋朝利益。他曾先后两次奉命出使,第一次上路,他的女儿生病离去;第二次上路,正好碰上他的小儿子出生,他都没顾得上看一眼就走了。皇帝为了褒扬他的功绩,授予他许多要职,他都谦逊辞谢,不肯就任。

庆历八年,黄河决口,洪水泛滥成灾。当时富弼正遭到政敌排挤,谪官青州。他腾出自家房子,以及公房共万间安顿受灾百姓,并向其他地方百姓募集粮食,加上官仓中的全部存粮,运往散发到受灾地区,赢得百姓拥戴。

富弼为人谦恭有礼，即使当了一国宰相，也从不以权压人。不管是下属官员，还是平民百姓前来拜见，他都以礼相待，平等对人。司马光称颂他说："三世辅臣，德高望重。"

扬人恶,即是恶,
疾之甚,祸且作。
善相劝,德皆建;
过不规,道两亏。

译文

到处散布别人的过失和缺点,本身就是一种不好的行为。如果过分地指责、批评别人,还可能会给自己招来灾祸。看到别人的长处并及时给予鼓励,那么双方的道德都会得到促进;看到别人的过错却不加以规劝,那么双方的品行都是有所欠缺的。

董母训儿

唐朝董昌龄的母亲杨氏,是蔡州人。她对自己的儿子要求很严格,教导儿子一定要做一个忠君爱国之人。

唐宪宗时,吴元济带领各藩造反,背叛朝廷。蔡州就被吴元济占据了。在这个时候,董昌龄在房县当县官,房县是吴元济的势力范围,这样董昌龄也就成为了反叛朝廷的一分子。

董母知道吴元济背叛了朝廷,就私下对

董昌龄说:"天下的事情,只有顺应历史潮流,讲究仁义道德,方能够获得成功;假如逆天而行,背信弃义,终究会失败的。你对现在所做的事,所处的境地,应该好好地思考一下,做出一个正确的决定。"

董昌龄还是觉得很矛盾,最终仍继续当吴元济的属下。后来,吴元济又把他调到郾城去做官。母亲再次劝他说:"这个吴元济是朝廷的反贼,欺骗皇上,欺骗天下百姓。他逆天而行,不忠不义,是得不到神灵护佑的,也得不到百姓的拥护,他的叛变迟早都是要失败的。所以你应立刻投降,归顺朝廷。假如你哪天做了朝廷的官,当了一个大忠臣,这样我也就是忠臣的母亲

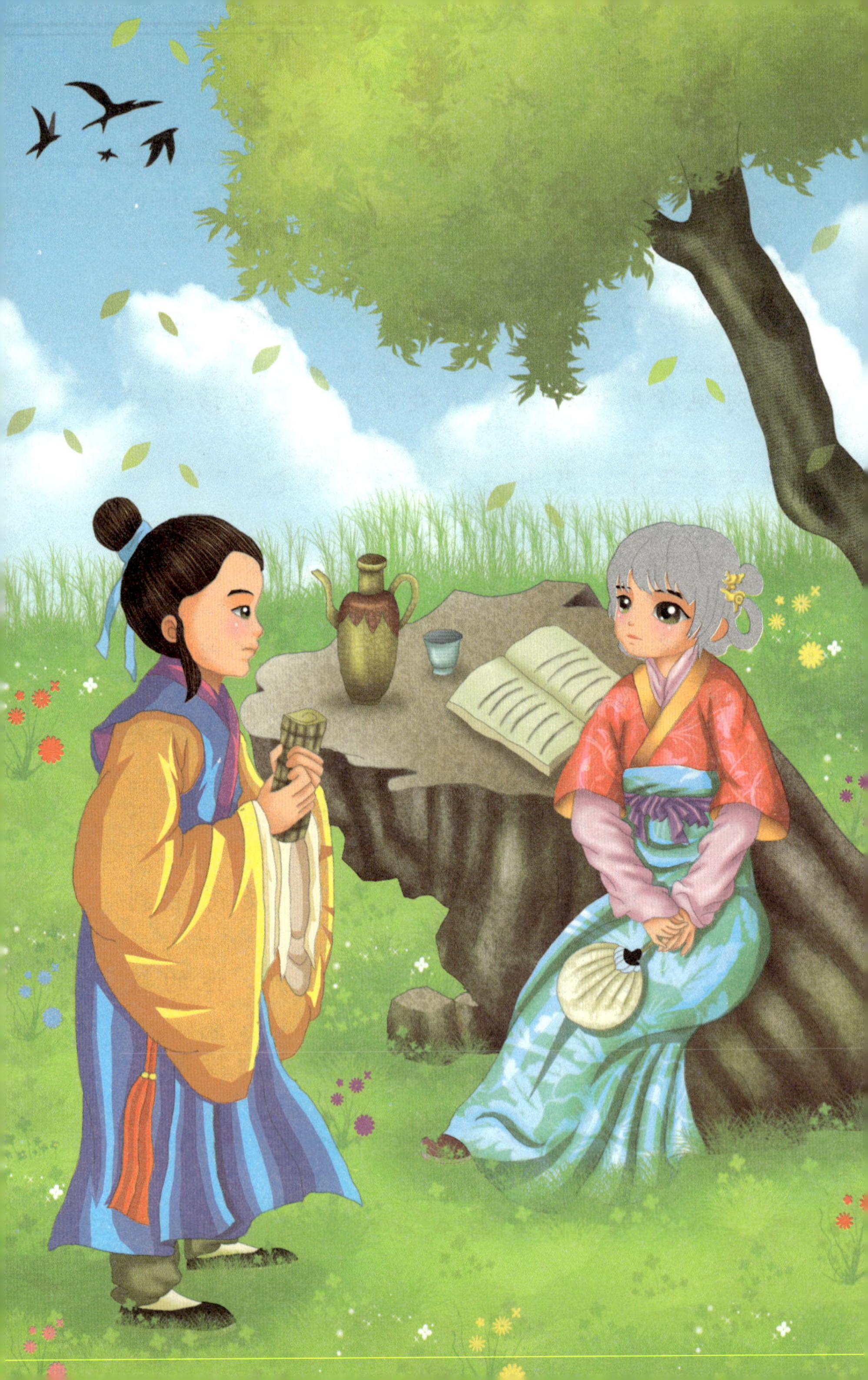

了,即便我死了,我也没有什么好遗憾的了。"

后来,唐朝的官兵打到郾城的时候,董昌龄就投靠了朝廷。唐宪宗依然让董昌龄做郾城的县官,并且兼任监察御史一职。董昌龄辞谢说:"这多亏了我母亲的教导,是她教导我要忠君爱国,我是没有什么功劳的。"唐宪宗听了董昌龄讲述的事情经过,对董母十分地敬佩,于是封杨氏为北平郡君,并更加器重董昌龄了。

凡取与，贵分晓，
与宜多，取宜少。
将加人，先问己，
己不欲，即速已。

译文

拿别人东西和给别人东西，一轻一重要处理妥当；给别人的东西要多一些，拿别人的东西要少一些。想让别人去做一件事，先问问自己是不是愿意去做。如果是自己不愿意的事情，就要立刻停止要求别人。

胡雪岩将心比心

胡雪岩是晚清时期的大商人。有一天,胡雪岩正在客厅和人谈事,突然外面有人禀告,说有个商人有急事求见。胡雪岩立马放下手头的事情,接见了这个商人。商人满脸焦虑,胡雪岩问其原因,原来那个商人在最近的一次生意中栽了跟头,急需一大笔资金来周转。为了缓解这次危机,他想拿出自己的全部家当,以非常低的价格转让给胡雪岩。胡雪岩认为这件事情比较大，得考虑考虑，于是告诉商人，让他第二天来，再给他答复。

送走商人后，胡雪岩连忙吩咐手下去打听是不是真有其事。手下很快就赶回来，证实商人所言属实。胡雪岩听后，连忙让钱庄准备银子。因为对方需要的现银太多，钱庄里的不够，于是，胡雪岩又从别处急调了大量的现银。

第二天，商人如约来到胡雪岩家，胡雪岩不仅答应了他的请求，还按市场价购买了他的产业。那个商人惊愕不已，不明白胡雪岩为什么到手的便宜都不占，坚持按市场价来购买他的房产和店铺。

胡雪岩拍着商人的肩膀告诉商人说：

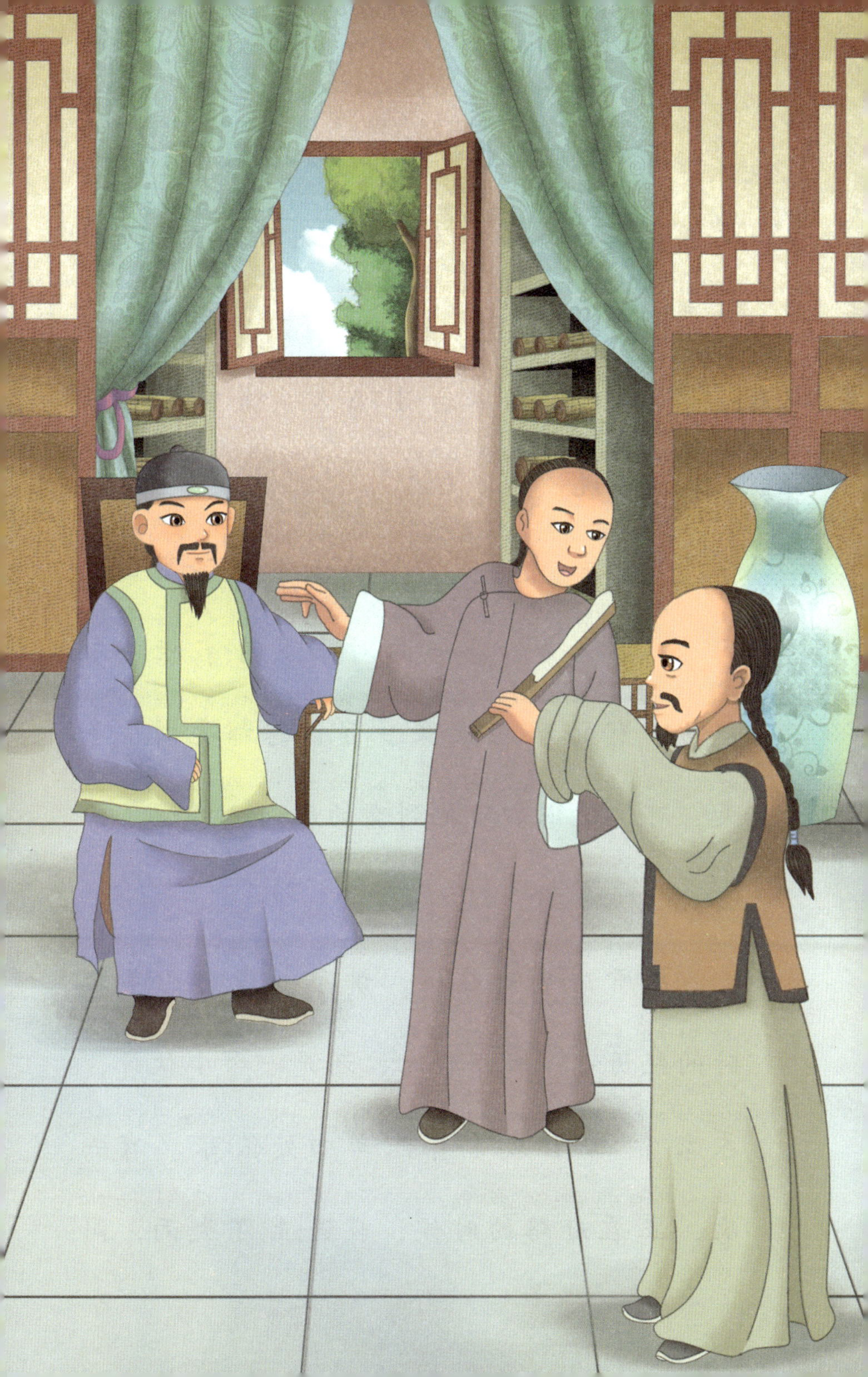

"我只是暂时帮你保管这些抵押的资产,等你挺过这一关,可以随时来赎回这些房产,只需在原价的基础上再多付一些利息就可以。"胡雪岩的举动让商人感激不尽,商人二话不说,签了协议。

商人一走,胡雪岩的手下想不明白,问道:"老爷,您一向对手下的掌柜要求严厉,有的掌柜钱赚少了,您都要训斥半天,可这次您却硬把到嘴的肥肉又给送了回去。"

胡雪岩喝着热茶,讲了一段自己年轻时的经历:"我年轻时,还是一个小伙计,东家常常让我拿着账单四处催账。有一次,正在赶路的时候,我遇上了大雨,同路的一个陌生人被雨淋湿了。那天我恰好带了伞,便帮人家打伞。后来,下雨的时候,我就常常帮一些陌生人打打伞。时间一长,那条路上的很多人就都认识我了。有时候,我自己忘了带伞也不用怕,因为会有很多我帮过的人为我打伞。"

那个商人的产业可能是几辈人积攒下来的,我要是以他开出的价格来买,当然很占便宜,但人家可能就一辈子翻不了身了。这不是单纯的投资,而是救了一家人,既交了朋友,又对得起良心。"手下听后,对胡雪岩佩服得五体投地。

后来,商人赎回了自己的产业,也成了胡雪岩最忠实的合作伙伴。

待婢仆，身贵端；
虽贵端，慈而宽。
势服人，心不然；
理服人，方无言。

译文

对待婢女和仆人，最重要的是自己要品行端正，以身作则。除此之外，还应该做到仁慈宽厚。用权势去压服别人，别人就会口服心不服；用道理去说服别人，别人才会心服口服无话可说。

故事链接

吴起礼贤下士

吴起是战国时期著名的军事家。他平时十分爱护自己的士兵,与士兵同甘共苦。上前线和敌人交战时,吴起也总是冲在最前面,做士兵们的榜样。因此,他深受将士们的爱戴。

有一次,在行军途中,传令兵向吴起传达国君的命令,快马赶到吴起的战车旁,可是他在战车上找不到吴起。于是,传令兵就问旁边的士兵。士兵告诉他说:

"吴将军行军从来都是不坐战车的,你到军队的最前面去找吧!"传令兵驾马向前面跑去。可是,他还是找不到吴起。最后,他在一名士兵的带领下才找到了他。只见吴起一身普通士兵打扮,和士兵一样背着干粮袋子在徒步行军。传令兵看到这般情形,不由得被吴起这种与士兵同甘共苦的品格打动了。

吴起军中有一个士兵身上长了脓包,这天,他的母亲正好到军营去看望。她一进儿子的帐篷,就被眼前的情景惊呆了——她看见一个士兵正在给他的儿子吸疮上的脓血。后来,她向其他士兵打听,才知道那个给儿子吸脓血的人正是吴起将军。得知大将军亲自给儿子吸脓血,老人非常感动,就到吴起的帐篷中去答谢他。老人对吴起说:"我儿子跟着您这样的将军,真是他的福气,我把儿子交给您,我就放心了!"

吴起如此身先士卒,爱护士兵,在战斗中,军中的每个士兵也都尽全力去克敌,他的军队因此成为了一支常胜之军。

亲仁

同是人,类不齐;
流俗众,仁者希。
果仁者,人多畏,
言不讳,色不媚。

译文

同样是人,品行高低却各不相同,品行一般的普通人是占多数的,德行高尚的仁者往往很少。如果是真正的仁者,人们对他就会非常敬畏,因为他说话公正而又直言不讳,从来不会去谄媚讨好别人。

陈寔与梁上君子

东汉的时候,有一个人叫做陈寔,他为人公道正直。每当别人遇到纠纷的时候,大家都会请陈寔出面调停。

有一年,陈寔的家乡闹饥荒,很多人家中颗粒无收,只好到外地去给别人做活。也有部分人动了不良之心,当起了小偷,做起了强盗,专门窃取别人的财物。

一天晚上,一个小偷悄悄地溜进陈寔家中,躲在房梁之上,准备等陈寔睡觉以

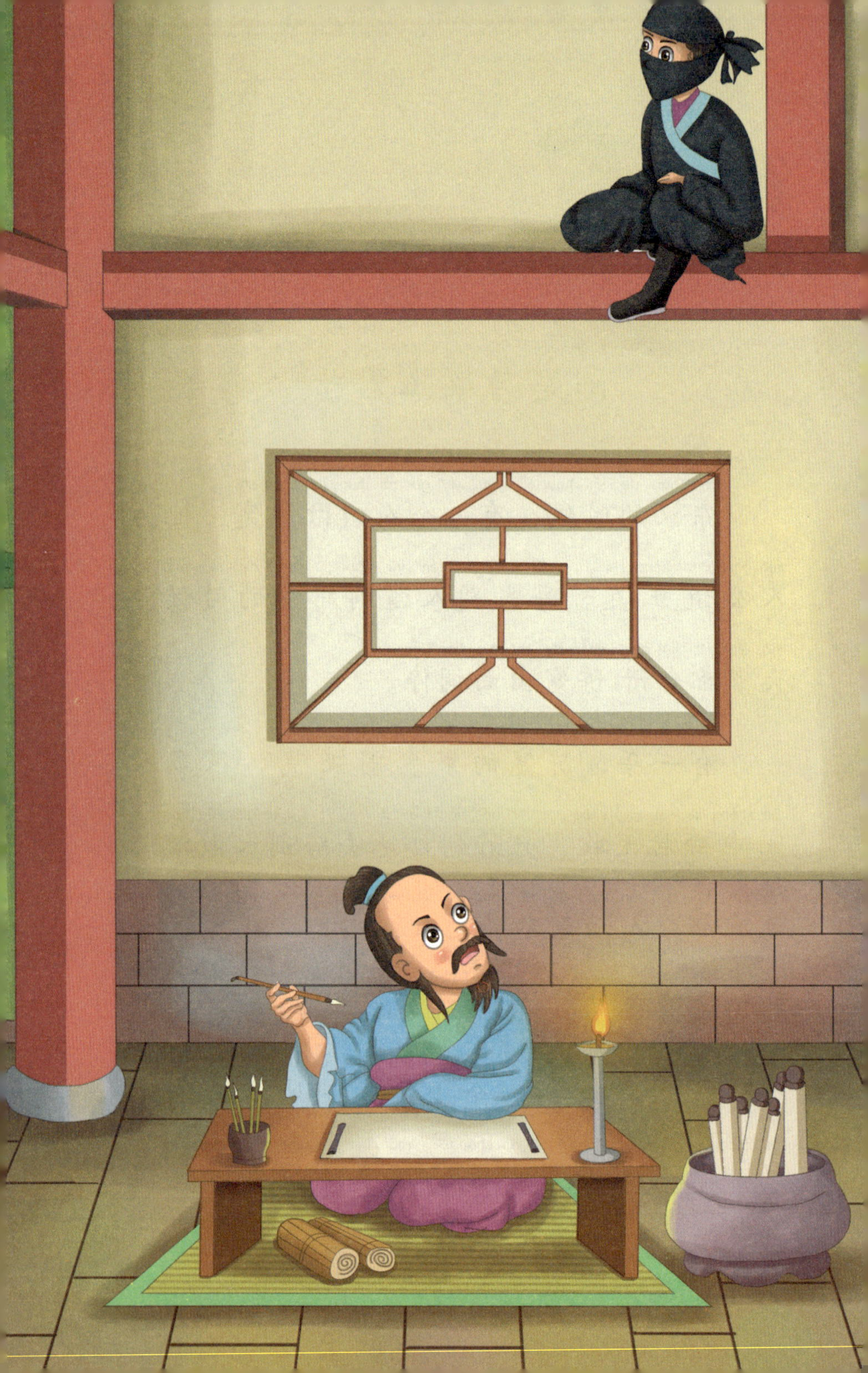

后偷东西。其实陈寔早就察觉有人躲在房梁上面,但是他却装作不知道,安静地坐在厅堂里喝茶。过了一会儿,全家人都被叫到了厅堂,陈寔对家人说:"我们的人生只不过是短短的几十年,如果我们现在不好好珍惜时间去努力,做出一番成就,等老了以后再后悔就来不及了。所以,我们做事情一定要扎扎实实、勤勤恳恳,做人要堂堂正正,养成良好的习惯,对社会一定要有所贡献!不过,也有一些做坏事的人,他们不诚实劳动,只喜欢享受。其实,这些人的本性并不坏,只是他们的习惯不好,才会做出一些对社会有危害的事情。你们要是不明白我说的,现在就抬头往上看,待在我们屋梁上的这个人,就是一个很好的例子。"

小偷一听,知道自己被发现了。赶紧从屋梁上爬下来,惭愧地对陈寔说:"对不起!我知道是我不对,我以后再也不敢了,请您这次就放过我吧。"陈寔没有责骂这个小偷,而是和气地对他说:"我知道你的本性不坏,也是受生活所迫,逼于无奈,我这儿还有一些钱,你拿去做点小生意吧,以后不要再偷东西了!如果你不改正的话,你以后的生活将会更加地潦倒。"小偷谢过陈寔,然后离开了。

在陈寔的教育和帮助下,一些做坏事的人纷纷改过自新,踏实做事,用自己勤恳的劳动换得了美好的生活。

能亲仁，无限好，
德日进，过日少。
不亲仁，无限害，
小人进，百事坏。

译文

能够亲近仁者，对自己有很大的好处，我们的品德会一天天提高，过错会一天天减少。如果不亲近仁者，就会有很大的害处，因为那些品行不好的人就会乘机接近我们，使我们做错许多事情。

故事链接

刘备三顾茅庐

东汉末年,天下大乱,各地英雄豪杰纷纷起事。刘备为实现统一天下、兴复汉室的愿望,积极广罗人才。

刘备听说隐居在隆中卧龙岗的诸葛亮是一个很有才华的人,就和关羽、张飞带着礼物到隆中请诸葛亮出山辅佐他。刘备去的那一天,恰巧诸葛亮出去了,刘备一行人只好失望地走了。不久,刘备又和关羽、张飞冒着大风雪第二次去拜访诸葛亮。可是

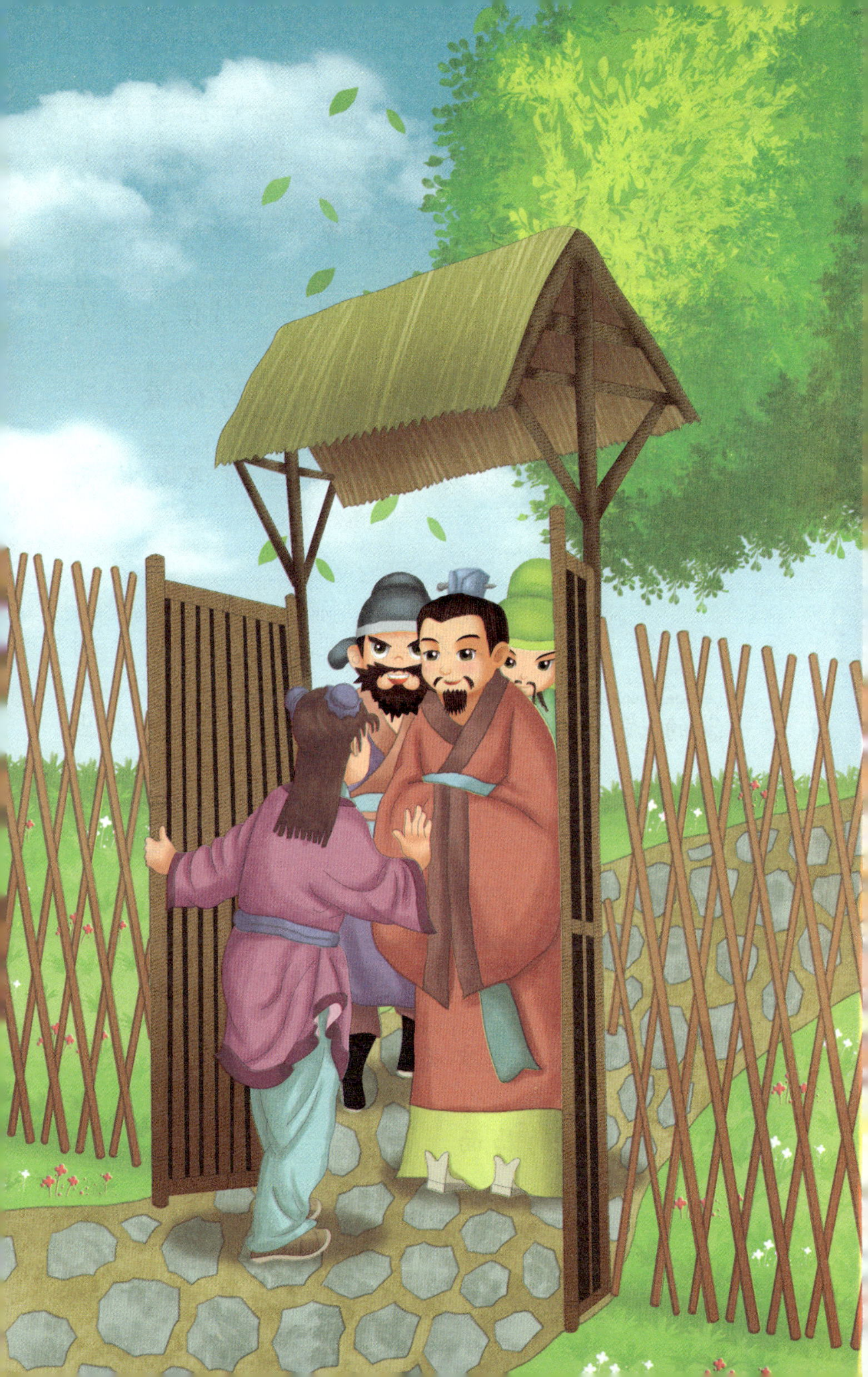

诸葛亮这次外出闲游去了。张飞本来就不想再来,见诸葛亮又不在家,十分地扫兴,就催着要回去。刘备只好留下一封信,表达自己对诸葛亮的敬佩,以及自己的诚意,还有想请他出来帮助自己稳定当前混乱局面的愿望。

第三次去,三人终于见到了诸葛亮,刘备的诚意也将诸葛亮打动,诸葛亮愿意出山相助。刘备向诸葛亮说了自己的宏图大志。诸葛亮向刘备提出了夺取荆州、益州,与西南少数民族交好,东联孙权,北伐曹操的战略方针,预言天下今后必将是蜀、魏、吴三足鼎立的局面。

刘备听后十分高兴,就拜诸葛亮为军

师。诸葛亮全心全意地辅佐刘备,刘备对诸葛亮也更加信任。这时,刘备的结拜兄弟关羽、张飞心中就有些不高兴了,他们时常在刘备面前表现出不满的神情,秉性耿直的张飞更是对此满腹牢骚。

刘备见此情况,便向他们解释说:"我就好像是水中的鱼,诸葛亮就像水一样,我刘备有了诸葛亮,就像一条快渴死的鱼得到了水,希望你们不要再多说了。"后来,大家渐渐地明白诸葛亮对刘备的重要性,也开始亲近诸葛亮,共同为刘备完成夺取天下的重任而努力。

余力学文

> bú lì xíng, dàn xué wén,
> 不力行，但学文，
> zhǎng fú huá, chéng hé rén。
> 长浮华，成何人。
> dàn lì xíng, bù xué wén,
> 但力行，不学文，
> rèn jǐ jiàn, mèi lǐ zhēn。
> 任己见，昧理真。

译文

不能身体力行地去实践圣人的教导，只是死读经典，结果只会增长自己浮华不实的习气，成不了一个让人敬佩的人。如果只知道卖力去做，而不学习书本中的道理，就会放任自己的偏见，永远不会明白真正的道理。

故事链接

按图索骥

春秋时期，秦国人孙阳擅长相马。别人在挑选马匹时，经常会请他去识马、选马。他每次挑的马都令人很满意，人们都称他为"伯乐"。

有一次，孙阳正走在回家的路上，一辆拉盐的马车从他身边经过，拉车的老马冲他不停地叫唤，他走近一看，发现这是一匹千里马，就是年龄稍大了点儿。孙阳看到老马拉着车吃力地向前走着，觉得像

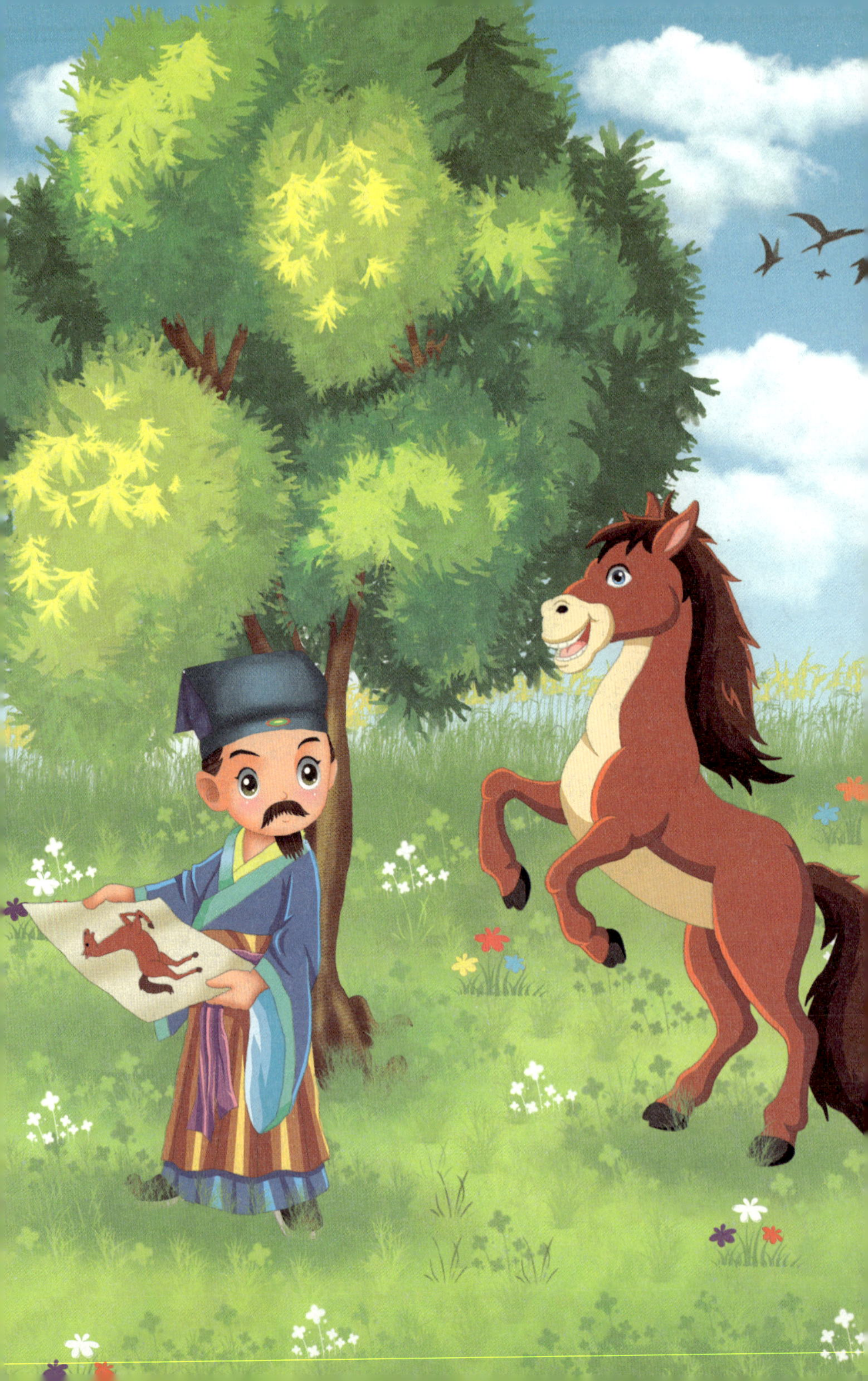

这样的一匹千里马只是用来拉盐车，实在是太可惜了！它本可以无拘无束地奔跑于千里之外，现在却只能拖着盐车，长此以往会将它的锐气和体力消耗光的！孙阳想到这里，心中觉得非常不是滋味。他就对驾车的人说："这匹马若是驰骋于疆场，它肯定比其他任何一匹马都要厉害，可是用来拉车，它却比不过一匹普通的马。你只要一匹拉车的马就够了，把这匹老马卖给我，然后再去买一匹年轻的马吧。"驾车的人不假思索地答应了。

　　为了让人们都能学会相马，使真正的千里马不再被埋没，使那些宝马良驹尽其所用，孙阳总结了自己多年的相马经验和知识，将其写成了一本《相马经》，书中还配了各种马的形态图。

孙阳的儿子看了父亲的《相马经》，认为相马很容易，就拿着这本书，按着书中画的图寻找千里马，可是一无所获。接着，他又按书中所写的特征去寻找，终于发现有一只癞蛤蟆跟书中写的千里马的特征十分相近，就很高兴地把癞蛤蟆带回家中，对父亲说："我就说千里马不难找吧，今天我就找到一匹，跟您写的特征十分相似。"

孙阳一看，十分气愤，他没想到自己的儿子竟如此愚笨，无奈地说："可惜这匹千里马只会跳，永远也不会奔跑。"之后又感叹道："这就是所谓的'按图索骥'啊！"

读书法,有三到,
心眼口,信皆要。
方读此,勿慕彼,
此未终,彼勿起。

译文

读书的方法要注重"三到":眼到、口到、心到,这三条都很重要,缺一不可。正在读着这本书,不要想着另外一本书;一本书还没有读完,就不要去开始读另一本书。

黄庭坚一夜三点灯

黄庭坚是北宋著名诗人、词人和书法家。他自幼聪慧，在他五岁的时候，就已经能熟背五经了。有一天，他问老师："别人都说六经，为什么我只读到五经，还有另一经是什么啊？"老师摸着他的头说："你现在年纪还小，《春秋》又不好懂，估计你也看不明白，现在就先不读吧。等你慢慢地长大，知识积累丰富了，再去读。"黄庭坚坚持说："既然是经，我就一定要学，一定要读。"于是他就找来一本《春秋》,大声诵读起来。

天渐渐黑了,黄庭坚便点起油灯接着读书,依旧高声诵读不止。直到夜深人静,他还不肯歇息。家里人担心他的身体,硬是熄掉了灯,要他上床睡觉。

可是黄庭坚心里总是想着《春秋》,在床上翻来覆去,怎么也睡不着。他爬下床,悄悄用被单把窗子蒙上,点起灯又小声诵读起来。这时他的母亲从窗前经过,发现窗子里有微弱的亮光透出,仔细一听,又听见了隐隐约约的读书声,知道黄庭坚又起来挑灯夜读了。母亲很担心这样下去,儿子的身体会吃不消,便推门进去，催黄庭坚上床睡觉。她怕黄庭坚再起来点灯读书，走的时候把灯也一起拿走了。尽管这样，母亲还是担心儿子不肯踏踏实实地睡觉，走到门口又特意待了一会儿，直到听见黄庭坚的鼾声才轻步离开。

其实黄庭坚并没有真睡着，母亲走后，他又拿出事先藏好的另一盏灯。这回他吸取了教训，把灯放在了书桌底下，人也钻到桌子底下，点上灯，又在书桌下面摇头晃脑地轻声诵读起来，一直读到了天亮。

就这样，没过多久，黄庭坚竟然能一字不漏地把《春秋》背给老师听。老师大为吃惊，连连夸道："神童！神童！"从此格外专心地教他。

宽为限,紧用功,
工夫到,滞塞通。
心有疑,随札记,
就人问,求确义。

译文

在制定读书计划的时候,可以对时间期限放宽松一些,但在执行计划的时候,就要加紧用功,只要工夫到了,原来不懂的地方自然会变得明白清楚。心里有困惑疑问的时候,要随手在本子上记录下来,等到有机会了,就向别人请教,求得正确的答案。

故事链接

纪昌学箭

古时候,有个神箭手叫做飞卫。他射箭的本领十分高明,他射东西总是箭无虚发、百发百中,是远近闻名的射箭能手。

当时,有个叫纪昌的男子,来到飞卫家拜他为师。飞卫说:"你要跟我学射箭,那么你就不能怕吃苦。今天我就教你第一招——练眼力。你要做的就是,找准一个目标,目不转睛地盯着它,直到无论你眼前发生什么事情,你的眼睛都能一眨不眨就行了。等你哪天练成之后再来找我,我再教你其他的。"

纪昌回到家里,认真地练起了眼力。他躺在妻子的织布机下面,用眼睛盯着穿来穿去的梭子,从早上一直到晚上,就这样日复一日地练了两年。后来,有人用针扎向他的眼睛,他都能一眨都不眨了。纪昌觉得自己的眼力已经练好了,就高高兴兴地去见飞卫,告诉他自己的眼力已经练到能够一眨不眨了,可以学习射箭的技术了。飞卫摇着头说:"只是这样是不够的,你回去继续练眼力,等到你能把小的东西看大的时候,再来找我。"

纪昌又回到家里,将一只蚂蚁用一根

细线拴住,把它挂在窗口,每天站在窗前,死死地盯着那只蚂蚁看。日复一日又看了三年,蚂蚁在纪昌的眼睛里,已经变得有车轮那么大了。纪昌又去找飞卫,告诉他是怎么练的,以及现在能达到的程度。飞卫点点头说:"你的眼力已经很好了,现在可以教你射箭的本领了。"纪昌又苦苦地练习了好几年,终于也成为了一位百发百中的神箭手。

孔子不耻下问

孔子是春秋时期伟大的思想家、政治家、教育家,儒家学派的创始人,人们都尊奉他为圣人。然而孔子是一个十分谦虚的人,他认为任何人,不是生下来就什么都知晓的,而是通过不断地学习才能逐渐成为一个学识渊博的人。

一次,鲁国国君邀请孔子去参加祖庙的祭祖典礼,孔子有很多不知道的礼仪,他就向身边的人询问,差不多把所有的事情都问了个遍。有人在背后嘲笑他,说孔子什么礼仪都不知道,连最基本的礼仪都还要问别人。孔子听到这些议论后解释说:"对于我不懂的事,我当然要问清楚,免得有失礼仪,冒犯了别人,我觉得这正是我知道礼仪的表现啊。"议论的人听后都无话可说了。

那时,卫国有个大夫叫孔圉,为人谦虚

正直。根据当时的社会风俗,最高统治者或者是地位很高的人过世后,要另起一个称号,叫做谥号。按照这个习俗,孔圉死后,授予他的谥号为"文",就是后来人们所称的孔文子。

孔子的学生子贡知道这件事情后有些不服气,就去问孔子:"老师,孔圉凭什么可以被称为'文'呢?"孔子回答说:"敏而好学,不耻下问,是以谓之'文'也。"意思是说,孔圉聪敏且勤学,做人又很谦虚,不把向职位比自己低、学问比自己差的人请教当做是一种耻辱,因此可以用"文"字作为他的谥号。

房室清,墙壁净,
几案洁,笔砚正。
墨磨偏,心不端;
字不敬,心先病。

译文

读书的房间要保持清洁,墙壁要干净,书桌要整洁,笔和砚台等文具要摆放整齐。在砚台上磨墨,如果墨条磨偏了,就说明磨墨的人心不在焉;如果写出来的字很不工整,就说明写字的人心有杂念,心思不放在学习上。

陈蕃愿扫除天下

陈蕃是东汉时期的著名学者,在他很小的时候,就独自一人住在一个院落中,不分昼夜地攻读经史。他自小就立志要作出一番惊天动地的事业。

一天,父亲的朋友薛勤到他家中拜访。薛勤早听说陈蕃是一个勤奋刻苦的人,就特意到他的住处去看他。可是,薛勤一踏进陈蕃的院子,就见到他的住处周围杂草丛生。走进陈蕃的房间,只见纸屑满地,书桌上的东西也摆放得十分凌乱,显然很久都没整理过屋子了。薛勤走过去对陈蕃说:"孩子,屋子都这么乱,这么脏了,你怎么不打扫一下呢?"陈蕃不以为然,理直气壮地回答说:"我的手是用来扫天下的,这么间小屋子我才懒得打扫呢。"薛勤反问道:"你有远大的抱负,值得称赞,可是你现在连一间屋子都不扫,将来又怎么能够扫天下呢?"陈蕃一听,顿时脸红了,马上整理书籍,打扫房屋,招待薛勤。

后来,陈蕃学业有成,走上仕途,继续为自己"扫天下"的志向努力,同时他也十分注重个人的修养,礼贤下士。他注重"扫屋"待客,随时都会在自己家中准备一

张空闲的床榻，等家中来了客人便可以放下床榻，留客住宿。他唯恐下人敷衍了事，每次都亲自将房间打扫得干干净净。去拜访陈蕃的人，无论什么时间去，陈蕃的家中都是十分干净、整洁的。

知识百宝箱

一屋不扫，何以扫天下

这句话告诉我们，要一步一个脚印脚踏实地，不能好高骛远，做好当下，放眼未来，才能不断取得更大的进步！

非圣书，屏勿视，
蔽聪明，坏心志。
勿自暴，勿自弃，
圣与贤，可驯致。

译文

不是高雅有益的书，应该丢掉不看，因为不好的书会蒙蔽我们的心智，损害我们的思想和志向。不要自甘落后，自己瞧不起自己。圣人和贤人的境界很高，但那也是通过努力可以达到的。

故事链接

苏武牧羊

西汉时期，汉室和匈奴之间时常发生战争，双方也经常派使者出访谈判，当谈判不成时，便将对方的使者扣押。匈奴先后扣留了汉朝使者十余人，汉朝也扣留了不少匈奴使者。

有一年，汉武帝决定出兵攻打匈奴。匈奴得知消息后，立即派来使者求和，同时还将扣押的汉朝使者都放了回来。汉武帝知道后，为表示友好，便派苏武拿着旌节出使匈奴。苏武到了匈奴，送回了汉朝扣留的匈奴使者，并献上礼物。一切进展都很顺利，只要带上匈奴单于的回信，苏武就可以回国了。但这时候却发生了一件意料之外的事情。

卫律本是汉朝的臣子，后来叛降了匈奴。他有一个部下叫做虞常，对卫律很不满意。他跟苏武的下属张胜原来是朋友，就暗地跟张胜商量，想杀了卫律，劫持单于的母亲并逃回中原。没想到他们的计划还没有实施就被发现了。单于非常生气，派卫律追查这件事情。

虽然苏武事先并不知道虞常和张胜的计划，但由于他是张胜的上司，也脱不了

干系。为了免于被单于审讯的羞辱,苏武拔刀自刎,却被手下拦住。

单于知道后,认为苏武是个有气节的汉子,十分钦佩他,想将他留为己用。单于先是许以高官厚禄,被苏武严辞拒绝了。单于见劝说无用,继而对他施以了酷刑。正值严冬时节,单于命人把苏武关入露天的大冰窖,断绝他的食物和水。苏武在地窖里受尽了折磨,渴了就吃雪,饿了就嚼羊皮袄,始终没有背叛国家。单于见他宁死不屈,便发配他去北海(今贝加尔湖)边放羊,并说:"等公羊生了小羊,才放你回去。"公羊永远也生不出小羊,也就是说单于要他永远待在那里。苏武只身来到了北海,没有人陪他,唯一和他作伴的就是那根代表朝廷的旌节。

十九年后,下令囚禁苏武的匈奴单于去世了,匈奴内部发生了分裂,势力逐渐衰落,已经无法与汉室抗衡了。由于新单于施行与汉和好的政策,汉昭帝才派使臣把苏武接回了汉朝。苏武这才得以回到自己的家乡。

此时的苏武已是满头白发,但手里仍然拿着朝廷给他的旌节。他回到长安的那天,全城的百姓都出来迎接这位不屈不挠的汉朝使者。